Nürnberg

Meine Lieblingsplätze

◆

Die Burg
Den steilen Pflasterweg hinaufsteigen und im Abendlicht über die Stadt schauen. Das Schäuferla kann warten. S. 106

◆

Das Spielzeugmuseum in der Karlstraße
Dort kann ich auf allen vier Stockwerken erleben, wie viel Kind im Manne steckt. S. 108

◆

Das Stadion, Fantribüne
Ein Heimspiel des 1. FCN mitten unter „Cluberern“ ist Kult. Die Sprüche des Trainers nach dem Spiel sind es auch. S. 30

Liebe Leserin, lieber Leser,

auf diese MERIAN-Ausgabe habe ich mich lange gefre ich mag Nürnberg, das – wie meine Heimatstadt Kasse Krieg fast völlig niederbrannte – und wiederauferstand. Die hoch aufragende Burg, die Kirchen in denen Werke von Veit Stoß oder Adam Kraft zu bewundern sind. Wo man beim fränkischen Bier mit den Bemmerleins, Schönleins und Kleinleins ins Alltags-Philosophieren kommt. Mit all den Menschen, von denen Klaus Schamberger schreibt, der Ur-Nürnberger mit der sentimentalen Bissigkeit, dessen Essay ich Ihnen ans Herz lege (S.26).

In diesem MERIAN-Heft machen Sie Bekanntschaft mit den Erben jener Patrizier, die der damaligen Reichsstadt Wohlstand und Kunstreichtum brachten. Ngoc Nguyen, in Saigon geboren, an der Pegnitz als Journalistin zu Hause, hat sie besucht (S.58). Bernd Siegler erschließt Ihnen die Seele der Cluberer, die mit ihrem 1. FC Nürnberg durch Hölle und Paradies gehen (S.30). Schließlich, und auch das gehört zum Nürnberger Lebensgefühl, beschreibt Christian Sywottek, das herrliche Umland, die Fränkische Schweiz (S. 68).

Ich kann ihnen versprechen, dass mit diesem MERIAN-Heft die Zahl der Nürnberg-Freunde kräftig in die Höhe gehen wird.

Herzlich, Ihr

Andreas Hallaschka
MERIAN-Chefredakteur

PS Die MERIAN-Redaktion begrüßt mit dieser Ausgabe 59 000 neue Leser. Laut Allensbacher Werbeträger Analyse 2007 hat MERIAN damit jeden Monat eine Million Leser. Auch die zweite große Reichweitenstudie – die Media-Analyse II/2007 – bescheinigt MERIAN einen Leserzuwachs von zehn Prozent binnen eines Jahres. Und seit über einem Jahr zeigt MERIAN eine kontinuierlich positive Auflagenentwicklung. Allen langjährigen und neuen Lesern dafür unser herzlicher Dank! *Die Redaktion*

Für MERIAN unterwegs

UWE RITZER, Henri-Nannen-Preisträger 2007, weiß als Korrespondent der SZ in Nürnberg, wie die Region den wirtschaftlichen Wandel bewältigt **Seite 54**

GERHARD WESTRICH, Fotograf aus Berlin, war bei jedem Licht unterwegs. Nur vor dem Hasen-Monster beim Dürerhaus machte er mal Pause **Seite 12**

JENS RÖTZSCH hat zu DDR-Zeiten die großen Aufmärsche dokumentiert. Auf dem Reichsparteitagsgelände begegnete er dem Vorbild aus der Nazizeit **Seite 84**

Nürnberg

SEITE 38

AD - DAS GENIE

Verkannt, verlästert und doch verehrt: Albrecht Dürer (hier ein Selbstbildnis von 1493) war ein Genie am Beginn einer neuen Zeit. Sein Monogramm wurde zum Markenzeichen

SEITE 12

LIEBENSWERTE STADT

Nach entsetzlicher Zerstörung im Krieg ist Nürnberg längst wieder eine echte Attraktion

MERIAN | Reise-Service ab Seite 105

Die enge Altstadt wird überragt von den Kirchen St. Sebald (vorne) und St. Lorenz

SEITE 68

BERGE UND BIERGÄRTEN

Die Fränkische Schweiz ist ein Landstrich für Leib und Seele, wo sich Gourmets und Genießer gleichermaßen wohlfühlen

SEITE 92

SPURENSUCHE

Fürth hieß auch „Fränkisches Jerusalem“. Doch eine große jüdische Gemeinde wurde vernichtet – und eine neue sucht ihren Platz in der 1000-jährigen Stadt

SEITE 30

DER CLUB UNTER DEN KLUBS

Wer dem 1. FCN die Fußballtreue hält, muss bei allem Enthusiasmus auch sehr leidensfähig sein

DREI ANSICHTEN DER STADT

Immer die Burg im Blick

Gebaut für die Ewigkeit: Wer nach Nürnberg kommt, sieht auch heute noch die Burg über der Stadt thronen. Schon am Ende des 15. Jahrhunderts hat ein unbekannter Künstler für den Hintergrund des Bartholomäus-Altars in der Lorenzkirche Nürnberg von Westen her so dargestellt, wie es heute noch aussieht. Natürlich sind ein paar neue Türme hinzugekommen – von den Schornsteinen des Heizkraftwerkes (ganz unten) bis hin zum 135 Meter hohen „Business Tower" einer Versicherung. Wie ein Panzer umschließt die Mauer die Altstadt. Die letzte Stadtbefestigung wurde 1346 begonnen und 1452 beendet. Dank der Vielzahl und der Verschiedenheit der Anlagen gilt das Bollwerk bis heute als ein Lehrstück der Befestigungstechnik des Mittelalters.

15. Jahrhundert

Rechts von der Säule, die das Gewölbe trägt, ist St. Lorenz zu erkennen, links die Sebalduskirche. Herausragend die Burg mit Luginsland, Fünfeck-, Sinwellturm und Palas (von rechts). Die Türme der Stadtmauer sind noch rechteckig, sie wurden erst später rund ummantelt. Das hatte Albrecht Dürer in seiner Schrift über Befestigungsbauten so empfohlen, denn aufprallende Geschosse werden an einer gebogenen Mauer besser abgelenkt

18. Jahrhundert

Das war Nürnberg von der Schanze an der Bucher Straße aus gesehen. Johann Adam Delsenbach hat die Federzeichnung um 1730 geschaffen

21. Jahrhundert

Neue Silhouette: Eine moderne Stadt benötigt auch ein Heizkraftwerk. Mit dem Teleobjektiv hat der Fotograf vom Pferdemarkt aus die Mittelalter-Burg ganz nah herangezoomt

Die unvergessene Schmach – 200 Jahre Franken in Bayern

Bayern hatte an Napoleons Seite gekämpft, das sollte sich lohnen: Am 12. Juli 1806 wurde König Max die – völlig in die Miesen geratene – Reichsstadt Nürnberg zugesprochen. Schluss war mit 500 Jahren Patrizierherrschaft an der Pegnitz. Um einen Teil der Schulden zu tilgen, verkaufte „Polizeikommissär“ Christian Wurm das städtische Tafelsilber, Kirchen und mehr an München. Das wurmt bis heute – zumal Dürers „Vier Apostel“ schon 1627 in Münchner Besitz übergegangen waren. Als Gegenwehr bleibt nur der Spott: Karikaturist Andreas Floris zeichnete 1999 den Nürnberger Adler, wie er dem gefräßigen bayerischen Löwen mit weißblauem Sabberlatz die Prothese wegkrallt.

KLEINE KUSZ-PROBE

Fitzgerald Kusz
Der Dichter wurde 1944 in Nürnberg geboren, studierte Literatur, war Lehrer, ist freier Schriftsteller und spricht sich aus wie „Kuss“. Sein Theaterstück „Schweig, Bub!“ sahen seit der Premiere 340 000 Zuschauer in über 700 Nürnberger Aufführungen. Hier zwei Kostproben seiner Mundartkunst samt Übersetzung:

»deä vollmönd ibä
nämberch is aa blouß
ä lebkoung«
*(der Vollmond über
Nürnberg ist auch nur
ein Lebkuchen)*

»wenn di bengerds
könnäd wäis wolläd
fläißäds vobei«
*(wenn die Pegnitz
könnte wie sie wollte
würde sie vorbeifließen)*

KNOBLAUCHSLAND **Kraut und Rüben**

Die vampirvertreibende Knolle hat der Nürnberger Gemüsewiese den Namen gegeben, angebaut wird sie kaum noch. Im Dreieck der Städte Nürnberg, Fürth und Erlangen wächst in großem Stil Gemüse, zur Verlängerung der Vegetationszeit zunehmend unter Glas und Folie. Frisch kommen Salat und Karotten, Kräuter, Kohlrabi und Kraut auf den Nürnberger Hauptmarkt. Als im 17. Jh. der Rat der Stadt den Tabakanbau duldete, entwickelte sich um Großgründlach die Kultur dieses Nachtschattengewächses.

Nürnberg = Nämberch

„Norenberc“ lautete 1050 die erste Erwähnung. Daraus wurde eine geschriebene und eine gesprochene Variante

RICHARD LINDNER **Späte Karriere**

Als Vierjähriger kam er mit seinen Eltern 1905 nach Nürnberg. Von 1922 an studierte Richard Lindner an der Kunstgewerbeschule, lebte seit 1941 als jüdischer Emigrant in New York, wo er als Maler internationale Anerkennung fand und 1978 starb. Das Neue Museum am Klarissenplatz zeigt sein berühmtes Bild „Telephone“: eine Frau, ein Mann, Rücken an Rücken in einer Fernsprechzelle.

MERIAN Nürnberg-Titel über die Jahrzehnte: Butzenscheibenblick und zweimal die Frauenkirche, einmal mit Schönem Brunnen

1950

1966

1981

80
Jahre QUELLE
QUELLE.
Julia
FRANK

EISENBAHN **Neue Alte**

Sieben Kilometer zwischen Nürnberg und Fürth: Hier rollte am 7. Dezember 1835 die „Adler“, die erste Lokomotive in Deutschland. Deutsch war das Dampfross allerdings nicht, in Einzelteilen war es aus England geliefert worden. Nach 22 Jahren wurde es verkauft und gilt als verschollen. 1935 entstand ein Nachbau, der 2005 im Nürnberger Verkehrsmuseum verbrannte. Doch der Nachbau vom Nachbau ist im Dampflokwerk Meiningen in Arbeit – bis er fertig ist muss ein fahruntüchtiges Modell von 1952 neben dem ICE 3 stehen.

REICHSWALD **Geretteter Forst**

Wie die Stadt teilt die Pegnitz auch den Reichswald in einen Sebalder und einen Lorenzer Teil: etwa 25 000 Hektar von einst 35 000, noch heute oft als lumpiger „Steckerlaswald“ verachtet, in dem nur Kiefern vor sich hin kümmern. Schon Mitte des 14. Jahrhunderts hat der Patrizier Peter Stromer die ersten Aufforstungen veranlasst, der Kartograf Erhard Etzlaub im Jahr 1515 den grünen Gürtel um Nürnberg gemalt. Doch der Wald war immer bedroht, durch rigorose Rodung, Schädlinge, Feuersbrünste. Erst 1980 erklärte ihn das Bayerische Umweltministerium zum geschützten Bannwald.

ZOO **Wildnis fast auf Tuchfühlung**

Als der Rest der Republik in Ekstase über ein Berliner Eisbärlein verfiel, blieben die Nürnberger völlig cool: Sie sind schon seit Jahren mit Weißen Riesen per Du und können ihnen im Aqua-Park ihres Tiergartens auf vier Zentimeter nahe kommen. Außerdem gibt es durch die dicken Glasscheiben im Souterrain oder in Außenbecken Seelöwen, Pinguine und Fischotter zu bestaunen. Das Delfinarium wird bis 2009 mit einer Lagune erweitert, in der sich die Tümmler austoben können. Bis dahin sollen auch Räumlichkeiten für die Delfintherapie geschaffen werden.

Foto: Tobias Gerber

FRISCHER WIND IN ALTEN MAUERN

Ihre Glanzzeit war das späte Mittelalter, vor 60 Jahren war sie ein Trümmerhaufen. Heute ist die Stadt eine Schatztruhe der Republik. Die Nürnberger lieben sie – und die vielen Besucher mit ihnen

Fotos: Gerhard Westrich/Tobias Gerber

Vom Fünfeckturm der Burg geht der Blick zum staufischen Palas mit Kaisersaal und zweistöckiger romanischer Kapelle (unbedingt anschauen!)

Foto: Tobias Gerber

Der starke Georg am Pilatushaus macht einem Drachen den Garaus. Er zeigte an, dass hier ein Plattner Rüstungen fertigte

1| Wie Nachbarn erscheinen St. Sebald (l.) und St. Lorenz vom Turm am Tiergärtnertor 2| Der Doppelkopf-Adler schmückt das innere Burgtor 3| Italienisch mutet das Rathaus an mit den wuchtigen Portalen 4| In der „Alten Küch'n" greift der Spielmann in die Saiten – die Gäste hauen rein nach Mittelalter-Art

WAS GESTERN WAR, MACHT HEUTE LAUNE

SCHAUEN, STAUNEN, PFLASTER TRETEN

Foto: Tobias Gerber

Auf dem Platz beim Tiergärtnertor hockt der bronzene Hase von Jürgen Goertz. Die geschundene Kreatur mögen die Nürnberger bis heute nicht leiden

MIT SCHWUNG IN DIE MODERNE

Der Berliner Architekt Volker Staab hat das Neue Museum genial in enge Altstadtstrukturen eingepasst. Vom Klarissenplatz lässt sich Kunst bei Tag und Nacht wie in Schaufenstern betrachten

Zwei Dutzend alte Häuser blieben in der Weißgerbergasse erhalten: So sah vor der Zerstörung im Zweiten Weltkrieg die ganze Altstadt aus

UND DRINNEN WALTET FRAU AGNES

Als schlüsselgewaltige Ehefrau Agnes führt Gisela Brandstätter Besucher durchs Albrecht-Dürer-Haus. Das Porträt von Dürers Meister Michael Wolgemut ist eine Kopie

Fotos: Gerhard Westrich (li.), Tobias Gerber

to: Tobias Gerber

Von der Maxbrücke zeigt sich nach kurzer Strecke der Henkersteg über die Pegnitz. Früher hatte fast jedes Haus am Fluss seinen Laubengang

1| Die Nürnberger Versicherung ist einer der größten Arbeitgeber und sitzt im höchsten Gebäude der Stadt (135 m) 2| Nürnberger Wärschd kommen in gerader Zahl auf den Teller 3| Täglich ist auf dem Hauptmarkt Markt unter rotweißen Schirmen 4| Zur Blauen Nacht im Mai ertrinkt die Stadt in einem Ozean aus Licht

1

2

3

4

GROSS UND KLEIN, ABER IMMER OHO

Fotos: Tobias Gerber

SCHÖNE MOTIVE IN ALTEN KULISSEN

Punkt zwölf ziehen an der Frauenkirche beim „Männleinlaufen“ sieben Kurfürsten an Kaiser Karl IV. vorbei. Sie finden sich wieder am „Schönen Brunnen“, der 19 Meter hohen Kopie eines gotischen Meisterwerks

Im Heilig-Geist-Spital, hier von der Museumsbrücke aus gesehen, sorgte eine Stiftung seit dem frühen 14. Jahrhundert für Alte und Kranke

SCHÖNSTE KLEINE GROSSSTADT DER WELT

Ein waschechter Nürnberger präsentiert liebevoll seine Stadt – als Kumpan der Wahrheit und mit fränkischer Lust am Nörgeln

Von Klaus Schamberger

Nur einmal den sehr seltenen Fall angenommen, jemand wäre in Scheeßel an der Wümme oder wo mehr oder weniger beheimatet, also verhältnismäßig weit weg von einer mittelfränkischen Gemütlichkeit, von samtweichen Konsonanten aller Art, von spitzigen Dachgiebeln, von einem vielleicht an das Mittelniedermongolische gemahnenden Dialekt, von gummiartigen, rollbaren Speisebeilagen namens Gniedla, von sogenannten Bratwürsten, zu denen nicht selten statt Messer und Gabel ein Mikroskop gereicht wird, von Gässlein, Erkerlein, Plätzlein, nicht zu vergessen: weit entfernt auch von jenen zu Ehren der Heiligen Kalorie gestanzten Lebküchlein. Würde so jemand eines Tages – womöglich auch noch während der staden Zeit, wo es hierorts richtig laut wird – auf die Idee kommen, sich nach Nürnberg zu begeben? Und wenn ja, warum?

Eine Art Tatsache ist, dass alle Jahre wieder vornehmlich in der Zwetschgermännlazeit Flieger auf unseren Airport im Knoblauchsland herniedersinken, Busse, Bahnen, Bkw (B sagt man hier zum P) in die Weihnachtswelthauptstadt brettern und sich die aus 2,5 Millionen Menschen bestehenden himmlische Heerscharen durch die Gässlein quetschen. Der Tourismus- und Wundverband vermutet: Man sucht in Nürnberg die Romantik, die hier schon mehrfach entdeckt worden ist. Viele Besucher kommen sogar ein zweites Mal.

Dass man diesen Drang zur Romantik bis hinauf nach Scheeßel an der Wümme, bis nach Hamburg, Berlin, Wuppertal, Amerika, Schweiz, Japan, ja sogar bis Fürth massenhaft verspürt – das kann der Nürnberger an sich, falls es den konsumforschungsgerechten Parade-Nürnberger gibt, jedes Jahr beim besten Unwillen überhaupt nicht verstehen. Der Nürnberger an sich hat nämlich in der Regel daheim eine kleine Nebenerwerbs-Tiefstapelei, heißt infolgedessen Bemmerlein, Scheuerlein, Köhnlein, Käferlein, Steinlein, Schönlein, Kleinlein, neuerdings auch Online, und stellt sein Licht gern dahin, wo es Finanzamt und Steuerfahndung nicht sehen, nämlich unter den Scheffel. So könnte man sich etwa auch die Kleinheit der hiesigen Bratwürste erklären. Und so erschließt sich ebenfalls eine der schönsten örtlichen Redensarten, gern benützt als Schlussbemerkung eines von langatmigen Großansprachen gepeinigten, aber überhaupt nicht beeindruckten Zuhörers: „Häddn Sie's aa äweng glenner?“ (Hätten Sie es auch ein bisschen kleiner?) Kleinheit und Konjunktive schätzt der Nürnberger sehr.

Die Frage wäre dann also: Was juckt den von der Wümme oder von Wisconsin anreisenden Gast mehr – das riesengroße Füllhorn Romantik, das das halbwegs städtische Propaganda-Referat auf Schritt und Tritt über dem Besucher ausschüttet, dass er fast keine Luft, geschweige denn eine Lust mehr kriegt, oder der uns Eingeborenen spätestens seit 1945 innewohnende Hang zur Verkleinerung? Er sollte sich für Letzteres interessieren.

Denn die Wahrheit dürfte doch sein: Romantik hammer hier ungefähr in der gleichen Menge, wie sie auch in Wuppertal, Wanne-Eickel, Wolfsburg oder in Scheeßel an der Wümme vorkommt. Aber was die altpatrizische Großmannssucht anbelangt, da waren wir einzigartig, die ist bei uns sorgsam gepflegt worden. Von 1050, dem amtlichen städtischen Ersterwähnungsdatum, bis 1933, und von da an noch einmal genau 1000 Jahre lang: des Deutschen Reiches Schatzkästlein, des Deutschen Reiches Waffenschmiedlein, die blühendste aller Städte, die freieste aller Reichsstädte, ein steinerner Lobgesang, eine Hochburg in allen möglichen Disziplinen vom Zerzabelshofer Flachpassparadies bis zur Weltspielzeug-Zentrale, die Stadt der Reichsparteitage, ein mindestens weltkugelgroßer, hoch über allen Häuptern schwebender Riesenluftballon, festgeknotet ungefähr zwischen Dürer und Führer.

Am 2. Januar 1945 ist das aufgeblasene Albtraumschiff der mörderisch größenwahnsinnigen Reichsverweser, Hitlers buchstäblich heiß geliebte Spießerburg, innerhalb von 53 Minuten in Flammen aufgegangen. Ein weiterer Englischer Gruß, diesesmal nicht von Veit Stoß, sondern von 521 Bomberpiloten der königlich-britischen Luftwaffe. 1933, am Tag der Machtergreifung, hatten in der Nürnberger Altstadt die Glocken der großen Kirchen geläutet. Nicht von selber, vermutlich. In der Nacht, als die Altstadt starb, war nix zu hören. Jedenfalls kein Glockenläuten.

Der Berliner Autor und Theaterkritiker Alfred Kerr (1867–1948) war nach dem Krieg aus der Emigration zurückgekehrt und hatte nach einem Nürnberg-Besuch in einer Reportage geschrieben, dass „im ersten Augenblick der Gedanke nicht abwegig scheint: dies Trümmertal seinem Zustand zu überlassen – und ein neues Nürnberg nebenan zu erbauen“. Da sind die Nürnberger, sofern sie die bizarre Empfehlung überhaupt mitgekriegt haben, schon gscheit erschrocken. Und: Gebranntes Kind scheut eines Tages halt doch das Feuer. Zum Zündeln hat heutzutage kaum mehr jemand Lust. Im Gegensatz zu einer auch nicht gerade wohlüberlegten, öffentlich geäußerten, dann aber in aller Form zurückgenommenen Bemerkung eines damaligen Oberbürgermeisters („Es langt jetzt langsam mit dem dauernden Gedenken an die Nazi-Zeit, wir gedenken doch auch nicht jeden zweiten Tag des Dreißig-

betterFly
Europa hin und zurück.
ab 99 €*
Darüber spricht ganz Deutschland: gemeinsam Europa entdecken. Rückflug und Meilen inklusive.
Alles für diesen Moment.
Über 100 Europa-Ziele direkt und günstig ab Deutschland erreichen.
www.lufthansa.com
There's no better way to fly.
Lufthansa
A STAR ALLIANCE MEMBER
*Der Preis gilt für Direktflüge (Hin- und Rückflug) von Deutschland zu ausgewählten Zielen in Europa bei Buchung unter www.lufthansa.com. Bitte beachten Sie das begrenzte Sitzplatzangebot.

jährigen Krieges") geht das Gros der Nürnberger mit seiner Gesamt-Vergangenheit recht differenziert, geradezu nachdenklich um. Ausnahmen (etwa als man im WM-Jahr 2006 die Verhüllung des Schönen Brunnens mit Stadionsitzen als „entartete Kunst" einstufte und den Künstler Olaf Metzel dringend „ins KZ" wünschte) bestätigen hoffentlich die Regel.

„Ä bissla" oder „ä weng" (sagen wir hier – also ein bisschen, ein wenig) sind wir schon stölzlein auf unsere schönste kleine Großstadt der Welt, auf die Dürer und Stoß, die Sachs und Kraft, die Vischer und Henlein, die Behaim und Volckamer, auf die Maler, Holzschnitzer, Erzgießer, Tüftler, Entdecker und Erfinder. Und laut

HÄDDN SIE'S NEDD ÄWENG GLENNER?

sagen wir es meist nicht, aber manchmal denken wir es uns doch: Ob nicht von der ganzen gotischen Großkotzerei, von der jahrhundertelangen Diktatur des Patriziats bei allem Gerede von der Stadtluft, die frei mache, ob da nicht doch eine ziemlich direkte Linie hinführt zu jenem Trümmerhaufen des 2. Januar 1945?

Fast acht Jahrhunderte lang haben unsere Altvorderen doch vor lauter Hybris kaum mehr laufen können, später dann offenbar auch nicht mehr denken: das klügste Reichsstadtregiment weit und breit, die reichsten Pfeffersäcke, die dicksten Kaufmannszüge, die höchste Kaiserburg, Hort der Reichskleinodien, Lieblingsstadt aller gekrönten Häupter, aller Waffenhändler und Gschäftlasmacher. Die einzige, aber schmerzliche Störung des Wachstums bis hinauf in den Himmel: 1806 war die einstige Mega-Metropole quasi bankrott, abgewirtschaftet vom patrizischen Rat und dessen Raffgier, auf Napoleons dringliche Empfehlung einverleibt ins bayerische Königreich mit anschließender Runderneuerung. So rund, dass schon bald neue Superlative freudig notiert wurden. Die 1. Eisenbahn Deutschlands, die 1. elektrische Straßenerleuchtung der Welt, 1. Spielzeug-Hauptstadt des Universums, 1. FC Nürnberg.

Und dann hat ein Tapezierer sein Nürnberg entdeckt. Stadt der Reichsparteitage auf die Dauer von mindestens tausend Jahren. Reichsparteitage, Reichspogromnacht, Rassengesetz, Gesetz zum Schutze des deutschen Blutes und der deutschen Ehre – das hatte hierzulande womöglich schon seinen, wortwörtlich sumpfigen Nährboden. Im Überschwemmungsgebiet an der Pegnitz hatten sich zu Beginn des 12. Jahrhunderts Juden angesiedelt. Am 5. Dezember 1349 färbte sich das Brackwasser zwischen den ärmlichen Behausungen blutrot. Mit ausdrücklicher Billigung des ehrwürdigen patrizischen Rates der Stadt – man darf es auch Anstiftung und Rädelsführung nennen – fallen die Nürnberger über die Juden her, erstechen, erschlagen, erwürgen 562 Männer, Frauen und Kinder, rauben deren bisschen Habe und Geld. Die Überlebenden schleift man vor die Stadt und richtet sie hin. Schon kurze Zeit später entsteht an der Stelle des Judenviertels der Nürnberger Hauptmarkt, am Ort der Synagoge die Frauenkirche.

Das war nur eines von vielen Pogromen. Vom Jahr 1499 an haben Juden in Nürnberg kein Ansiedlungsrecht mehr. Im Jahr 1850, nach rund 350 Jahren, darf der erste jüdische Bürger seinen Wohnsitz wieder nach Nürnberg verlegen. Bis zur Pogromnacht des 9. November 1938 hat die jüdische Gemeinde der Stadt 8000 Mitglieder. Im Mai 1945, nach Kriegsende, sind es noch knapp 50.

Noch in den 60er Jahren erschienene Nürnberger Geschichtsbücher widmen dem gleichermaßen hässlichen wie folgenschweren Teil unserer Vergangenheit ein paar, oder noch barmherziger: gar keine Zeilen. Doch die Zeiten halb- bis dreiviertelblinder Nürnberger Butzenscheibensicht sind, nach langer Bedenkpause, vorbei. Zu hoffen ist: für immer. Seit 1993 heißt die Gasse zwischen Germanischem Nationalmuseum und Gewerkschaftshaus „Straße der Menschenrechte", gestaltet von dem israelischen Künstler Dani Karavan. Seit 1995 wird alle zwei Jahre der Internationale Nürnberger Menschenrechtspreis verliehen. Und 2001 übergab die Stadtverwaltung ihren Bürgern das „Dokumentationszentrum Reichsparteitagsgelände" – ein Museum gegen den Gedächtnisschwund. Der Grazer Baukünstler Günther Domenig hat das wie einen Pfahl in die alte Nazi-Kongresshalle stoßende Bauwerk entworfen. Es ist sieben Tage in der Woche geöffnet, auch oder vor allem: für uns Nürnberger. Und wir möchten es hiermit von ganzem Lebkuchenherzen auch dringend unseren Gästen in ihre Erledigungsliste schreiben. Und drunter dann all die anderen schönen Nürnberger Kleinheiten: Sechs mit Meerrettich mit Bier, mit Schlehengeist und mit Spargelsalat (letzterer aber nur von April bis Johanni), Lebkuchen (besser nur von September bis Januar), das Volkstheaterstück „Schweig, Bub!" von Fitzgerald Kusz (seit 30 Jahren auf dem Spielplan), eine Ausstellung mit Bildern von Toni Burghart (von ihm stammt der gezeichnete Sinnspruch „Nürnberg ist am Arsch der Welt. Wer hat es da wohl hingestellt?"), einen Besuch im Theater der Puppen, einen Ausflug in die Fränkische Schweiz (kleinstes Gebirge der Welt), einen Spaziergang durch die vielen Kulturen in der Südstadt, eine Fahrt mit der U-Bahn nach Fürth zur Toleranzforschung (ohne Visum über die Stadtgrenze!), eine Gedenkminute vor dem Denkmal des Nürnberger Komikers Herbert Hisel (das es noch nicht gibt), eineinhalb Stunden im Frankenstadion beim Glubb (heißt heute Easycredit-Stadion, morgen vielleicht wieder ganz anders). Um nur ein paar Beispiele unserer Sehens-, Ess- und Trinkwürdigkeiten zu nennen, die wir Nürnberger auch sehr schätzen.

Und sollte dabei jemandem ein örtlicher Hirnheiner begegnen, der ihm was Schwülstiges vom sandsteinernen, vollgotischen Ruhmreichtum Nürnbergs durch die nach oben gerichtete Nase trompetet, dann möge er ihn bittschön in die uns angeborene Körpergröße zurückweisen mit dem Satz: „Häddn Sie's nedd äweng glenner!?" Auch wenn das Erlernen dieses Satzes dem Christkindlesmarkt-Besucher aus Scheeßel an der Wümme so ganz leicht nicht fallen dürfte. □

Klaus Schamberger, *65, ist Journalist, Schriftsteller, Humorist – und Nürnberger. Kult seine Glossen in der* Abendzeitung *und (bis 2005) das „Gschmarri zum Wochenende" in der Abendschau.*

SAHCO
Sahco Hesslein – ein Nürnberger Traditionsunternehmen seit 1841
Unsere aussergewöhnlichen Textilkollektionen finden Sie im gehobenen Fachhandel:
reim
mehr als wohnen
Reim die Raumgestaltung, Kaiserstrasse 37–39, 90403 Nürnberg
www.sahco.de

Und die **LEGENDE** lebt doch

Glaubensbekenntnis eines Fans. Mit dem Pokalsieg im Rücken fällt es diesem FCN-Anhänger leicht, sich gerade zu machen. Und der Nachwuchs (links) bekommt nach 39 erfolglosen Jahren endlich neue Helden

Aufstiege, Abstiege, Ruhm und Elend – die wechselhafte Geschichte des Fußballvereins **1. FC NÜRNBERG** erfordert gefühlsrobuste Fans. Mit dem Pokalsieg hat der Club die fränkische Region wach geküsst

Text: Bernd Siegler

1. FCN
1. FCN
1. FCN

1. FCN
DIE LEGENDE LEBT

Trainer Hans Meyer und der 1.FCN – das „BASSD SCHO“

Das Glück des Stadtvaters, die Abgeklärtheit des Trainers, der Freudentaumel der Fans auf dem Hauptmarkt (unten): Der Thüringer Hans Meyer, der als Vater des Erfolgs gilt, trägt sich vor den Augen von Oberbürgermeister Ulrich Maly ins Goldene Buch der Stadt ein

Der Mythos, der den 1.FC Nürnberg umweht, speist sich aus vielen großen und kleinen Geschichten, aus erschreckenden Peinlichkeiten und ungewöhnlichen Skandalen, aus unerklärlichen Fehlschlägen und unerreichten Erfolgen.

Kein anderer Fußballverein in Deutschland hat es geschafft, in mehr als hundert Spielen hintereinander unbesiegt zu bleiben – nur der 1. FCN! Kein Fußballverein ist je als amtierender Meister abgestiegen – ausgenommen Nürnberg. Dazu kamen Schuldenrekorde in den neunziger Jahren, der Sturz in die Drittklassigkeit und dann, nach 39 Jahren, endlich wieder ein Titel, der überraschende Pokalsieg im Mai 2007.

Die bewegte Vergangenheit hat dem Bundesligaverein in Fachkreisen ein Alleinstellungsmerkmal verschafft. Denn jeder Fan, der hierzulande vom „Club“ spricht, meint den 1. Fußball-Club Nürnberg, den 1. FCN, und nicht einen anderen der vielen Vereine, die ein „C“ oder ein „K“ in ihrem Namenskürzel führen.

Die 18 jungen Männer, meist ehemalige Gymnasiasten, die den Verein am 4. Mai 1900 aus der Taufe hoben, hatten indes noch nicht einmal vom richtigen Fußball eine Ahnung. Sie rannten einem eiförmigen Ball hinterher und wussten auch nicht, dass ihr neu gegründeter Verein gar nicht der erste, sondern schon der dritte FC Nürnberg war. Die beiden Vorgänger hatten sich bereits nach kurzer Zeit aus Mangel an Mitgliedern wieder aufgelöst.

Dem dritten FCN blieb dieses Schicksal erspart, obwohl Fußball damals als „Fußlümmelei“ verpönt und mancherorts gar verboten war. Alle, Kaufleute, Angestellte, Handwerker und Arbeiter, durften zur „Club-Familie“ gehören. Der 1. FCN sollte ein fränkischer Verein sein, passend zur Gefühlswelt des Franken, die zwischen den Polen „Das passt schon“ (fränkisch: bassd scho) und „Das wird schon wieder“ (des werd scho widder) pendelt. Der eine steht für absolute Zufriedenheit, der andere ist Synonym für uner-

Autokorso durch die Stadt am Tag nach dem Pokalsieg 2007. Ohne Michael A. Roth (links), den Präsidenten, wäre der Club längst bankrott

schütterliche Zuversicht, für die Hoffnung, dass sich die Dinge irgendwann wieder zum Besseren wenden.

Als 1914 ausgerechnet die „Spielvereinigung" aus der kleinen Nachbarstadt Fürth, von den Nürnbergern gerne abschätzig oder mitleidig bewitzelt, vor dem „Club" die deutsche Meisterschaft gewann, da „wurde es auch wieder": Schon sechs Jahre später holte der 1. FCN mit einem Sieg über die Fürther seinen ersten Titel und rückte die Maßstäbe wieder zurecht.

Die goldenen Jahre des Vereins waren die Zwanziger. Fünfmal holte sich der „Club" in jenem Jahrzehnt den Meistertitel. Es gab keine bessere Fußballmannschaft. Mehrfach bestand die deutsche Nationalelf ausschließlich aus Nürnberger und Fürther Spielern.

Elf Freunde waren sie jedoch nicht. Auch nicht am 21. April 1924 in Amsterdam, als die Deutschen zum ersten Mal gegen die Holländer gewannen. Getrennt waren fünf Nürnberger und sechs Fürther angereist, und als der Fürther Auer das entscheidende 1:0 schoss, wendeten sich alle Nürnberger demonstrativ ab. Nach dem Spiel fuhr man separat wieder nach Hause. Nicht mehr mit Fürth, sondern mit Schalke 04 dominierte der „Club" den deutschen Fußball der dreißiger Jahre. 1936 wurde er Meister und holte 1935 und 1939 den Pokal. Gewann 1948 den ersten Titel nach dem Zweiten Weltkrieg, 1962 zum dritten Mal den Pokal und 1961 und 1968 die Meistertitel acht und neun.

Solche Erfolge zeugen Helden, und nach Helden werden Straßen und Plätze benannt. Drei „Club"-Spieler gibt es, denen in Nürnberg diese Ehre zuteil wurde: Hans Kalb, Heiner Stuhlfauth und Max Morlock.

Stuhlfauth, der Mann mit dem grauen Wams und der Schiebermütze, stand in den zwanziger Jahren im Tor und kassierte in den fünf gewonnenen Endspielen keinen einzigen Gegentreffer. „Ein guter Torwart wirft sich nicht", lautete seine Devise, deshalb perfektionierte er die Fußabwehr. Außerhalb des Spielfeldes war er bekannt als Wirt und Pächter der „Sebaldusklause".

Der andere, Hans Kalb, war Mittelläufer. Ein Hüne, Zahnarzt von Beruf. Er liebte das Bier und den Wein, schleppte zu viele Pfunde mit sich herum und dirigierte lautstark das Nürnberger Spiel. Wegen Schiedsrichter-Beleidigung flog er bei den Olympischen Spielen 1928 gegen Uruguay vom Platz und musste von einer Arrestzelle im Stadion aus zusehen. Es war der erste Feldverweis in der deutschen Länderspielgeschichte und das Ende von Kalbs Länderspielkarriere.

Kalbs Bierkrug und Stuhlfauths Mütze sind heute im Museum Industriekultur zu bewundern. Daneben das Trikot mit der Nummer 13, das Max Morlock, der Dritte im Bund der „Club"-Helden, bei der Weltmeisterschaft 1954 getragen hatte. Morlock war in jeder Beziehung einzigartig: Schon als 16-Jähriger streifte er sich 1941 das weinrote FCN-Leibchen über, erst nach 900 Spielen zog er es im Mai 1964 wieder aus. In den Hungerwintern nach dem Zweiten Weltkrieg kutschierte er die Mannschaft mit einem Eineinhalbtonner zu den sogenannten Fressspielen ins Umland. Dort erspielten sich die Kicker Schweinefleisch, Säcke voller Äpfel oder Körbe mit Kirschen. Morlock wurde zweimal Deutscher Meister. Mit seinem Anschlusstreffer per Fußspitze zum 1:2 im WM-Endspiel 1954 gegen Ungarn schuf er das Fundament für das „Wunder von Bern".

Statt dann nach Italien zu gehen, wo man den Weltmeister gerne verpflichtet hätte, verdiente Morlock seine Brötchen mit Schreibwaren und Toto-Lotto-Scheinen, eine für Nürnberger Fußballer nicht ungewöhnliche Beschäftigung. Wie ein Netz durchzogen Toto-Lotto-Filialen verdienter Meisterspieler die Stadt. Auch Horst Leupold, Meister 1968, besaß eine Toto-Lotto-Annahmestelle. Das Bild, das ihn im Juni 1969 weinend und gestützt von Mitspielern und Betreuern vom Feld wankend zeigt, ging um die Welt: Gerade war der „Club" als amtierender Meister abgestiegen.

Mit „Zuckerbrot und Peitsche" hatte der Wiener Trainerzampano Max Merkel die Mannschaft zum Titel geführt. Danach wollte er aus der „Bauernkapelle", so nannte er die Meistermannschaft, ein „Sinfonieorchester" machen, holte 13 neue Spieler – und die Mannschaft stieg ab. Es war ein Abschied für lange Zeit aus der ersten Liga.

Bis heute wirkt diese Schmach bei den FCN-Anhängern als Euphoriebremse. Die Jahrzehnte danach waren die große Zeit, in der die Devise „Das wird schon wieder" mächtig strapaziert werden musste. Denn gerade als das richtig große Geldverdienen im Fußball begann, verpasste der „Club" den Anschluss und dümpelte in der Zweitklassigkeit. Altmeister nannte man ihn, erst respektvoll, dann aber immer despektierlicher. Der „Club" entwickelte sich zum Fahrstuhl-Team, er stieg auf und oft wieder ab, wurde zur Skandaltruppe.

Zunächst reagierte die Justiz Anfang der neunziger Jahre auf schwarze Kassen und verurteilte den Schatzmeister zu einer langen Haftstrafe. Dann ermittelte der DFB wegen allzu üppiger Präsente für Schiedsrichter und frisierter Lizenzierungsunterlagen. 1994 hatte der ehemalige Rekordmeister schließlich Rekordschulden in Höhe von 15 Millionen Euro angesammelt und kickte in der dritten Liga gegen Weismain, Egelsbach und Quelle Fürth.

Aber auch da wurde es wieder. Beim Derby gegen Fürth war das Stadion mit 45048 Zuschauern ausverkauft. Noch nie hatten in Deutschland so viele Zuschauer die Begegnung zweier Regionalliga-Vereine sehen wollen. 1994 übernahm der Teppich-Großhändler Michael A. Roth erneut das Zepter. Der Verein war zu diesem Zeitpunkt bankrott. Ohne Roth, das sagen Kenner, gäbe es den „Club" heute nicht mehr. Roth bat beim DFB um Milde, fuhr einen strikten Sparkurs, und führte den Verein mit Zähigkeit besseren Zeiten entgegen. Kein einfaches Unterfangen im harten Fußball-Geschäft. Lange Jahre hatte man beim 1. FC Nürnberg gelitten unter dem fast erdrückenden Gewicht der ruhmreichen Vergangenheit. Schmerzlich hatte man erfahren müssen, dass Tradition eben keine Tore schießt. Heute spielt man wieder des öfteren vor ausverkauftem Haus in einem Stadion, das nach einem Ratenkredit mit dem für Franken nur schwer auszusprechenden Namen („Isigreddid") benannt wurde. Einen solchen hat der „Club" nicht mehr nötig – er ist, was nur wenige Bundesligisten von sich behaupten können, schuldenfrei.

Rund zehn Jahre hatte die ökonomische Genesung des Vereins gedauert. Doch Erfolg im Fußball ist nur bedingt planbar. Er hängt auch von Glücksfällen ab, ein solcher war die Verpflichtung von Hans Meyer als Trainer.

Der Thüringer kam im November 2005, als dem „Club" wieder einmal der Abstieg drohte. „Mir war langweilig, ich brauchte Geld, und meine Frau hat mich nicht mehr in den Garten gelassen, weil ich die Rosen nicht vom Blumenkohl unterscheiden kann", begründete Meyer die Beendigung seines Ruhestandes. Meyer ist der älteste Trainer in der Liga und einer der wenigen, die einst in der DDR Fortüne hatten und im vereinten Deutschland auch. „Eigentlich nur Angela Merkel und ich", sagt Meyer und grinst. Der originelle Rhetoriker, der nichts mehr hasst als dumme Reporterfragen, fühlt sich in der „Stadt mit dem wunderbaren Flair sehr, sehr wohl" und bei der vor Ort ansässigen Deutschen Akademie für Fußball-Kultur gut aufgehoben. Meyer trainiert die Deutsche Nationalmannschaft der Schriftsteller, tritt bei Lesungen im Staatstheater auf, diskutiert über Rassismus in den Stadien und zitiert im Internet-Chat „Wandrers Nachtlied" von Goethe auswendig und fast fehlerfrei: „In allen Gipfeln/ Ist Ruh'…"

Seine Ruhe ist spätestens mit den jüngsten Erfolgen dahin. Es ist in der Stadt und im großen Einzugsgebiet von Hof bis Weißenburg und von Würzburg bis Weiden wieder schick, ein „Club"-Trikot zu tragen. Die Autos fahren rotschwarze Fähnchen spazieren, und Meyer ist Kult.

Schon das Erreichen des Finales hatte im Frankenland alle Dämme brechen lassen. 50000 machten sich mit und ohne Eintrittskarte auf dem Weg zum Endspiel nach Berlin. Auf dem Transparent, das die Fans in der Ostkurve des Olympiastadions entrollten, stand: „Auch in 39 Jahren ohne Titel waren wir stets stolz und treu, aber wenn wir schon mal hier sind, nehmen wir den Pokal halt mit." Selbstbewusst und unaufgeregt, fränkisch eben.

Der Pokalsieg war ein Akt der Befreiung für die Region. Endlich als „Cluberer" nicht mehr mitleidig belächelt werden wie all die Jahre zuvor – das ist ein neues Lebensgefühl. „Man hat das Gefühl, das Frankenland ist aus dem Schlaf erwacht", staunte Trainer Meyer. 200000 glückliche Menschen empfingen in Nürnberg die im Pokalfinale siegreiche Mannschaft. Doch auch in der Stunde des größten Vereinserfolges der Neuzeit bleibt die Vergangenheit präsent. Der Triumph, das passt schon. Aber wenn anderswo schon nach drei Erfolgen hintereinander von der Meisterschaft geträumt wird, bleiben die Club-Fans jetzt auf dem Teppich und sammeln lieber für eine lebensgroße Bronzestatue ihres Idols Max Morlock. □

Bernd Siegler, *Jahrgang 1957, Journalist, Buchautor und Filmemacher, ist von ganzem Herzen „Cluberer".*

Häme für den kleinen Zweitliga-Nachbarn Fürth: Der im Mai 1900 gegründete 1. FC Nürnberg hat 380 Fanklubs mit gut 20000 Mitgliedern

GRABARZ & PARTNER
Wir haben Urlaub im ZeitlupenLand gemacht.
Warum nicht mal Länder besuchen, die man noch nie gesehen hat? Länder, in denen die Zeit schleicht, Länder, in denen die Zeit rast. Länder, in denen nichts ist, wie man es gewohnt ist – und all das ohne Visum. Im MobiVersum der Autostadt in Wolfsburg wird jeder zum Entdecker. Und auf dem Touareg Gelände-Parcours vielleicht auch noch zum Helden. Welche Urlaubswünsche wir außerdem erfüllen können, erfahren Sie unter 0800 288 678 238 oder www.autostadt.de.
Machen Sie sich einen schönen Tag.
Menschen, Autos und was sie bewegt
AUTOSTADT

Verkannt, verlästert und dann verehrt: **Albrecht Dürer** war der Maler des Schönen und des Alptraums am Beginn einer neuen Zeit – und der erste, der seine Werke mit seinem Monogramm versah

Text: Verena Auffermann

AD

MARKENZEICHEN EINES GENIES

„Mein Name ist Hase" nannte der Nürnberger Toni Burghart seinen Siebdruck. Die Vorbilder: Dürers Selbstporträt (S.41), gemixt mit dem berühmten Langohr des Meisters (S. 42)

DAS PORTRÄT

Aus einem Spiegel hat sich der 13-jährige Dürer „konterfeit". Im Alter von 28 malte er das Selbstporträt mit den Korkenzieherlocken. Blass und von Mühsal gezeichnet sieht der Sohn seinen Vater, den angesehenen Nürnberger Goldschmied. Den Traum von der apokalyptischen Sintflut mit gewaltigen Wassern, die vom Himmel herabstürzen, hat Dürer 1525 aquarelliert

1500
Albertus·Durerus Noricus

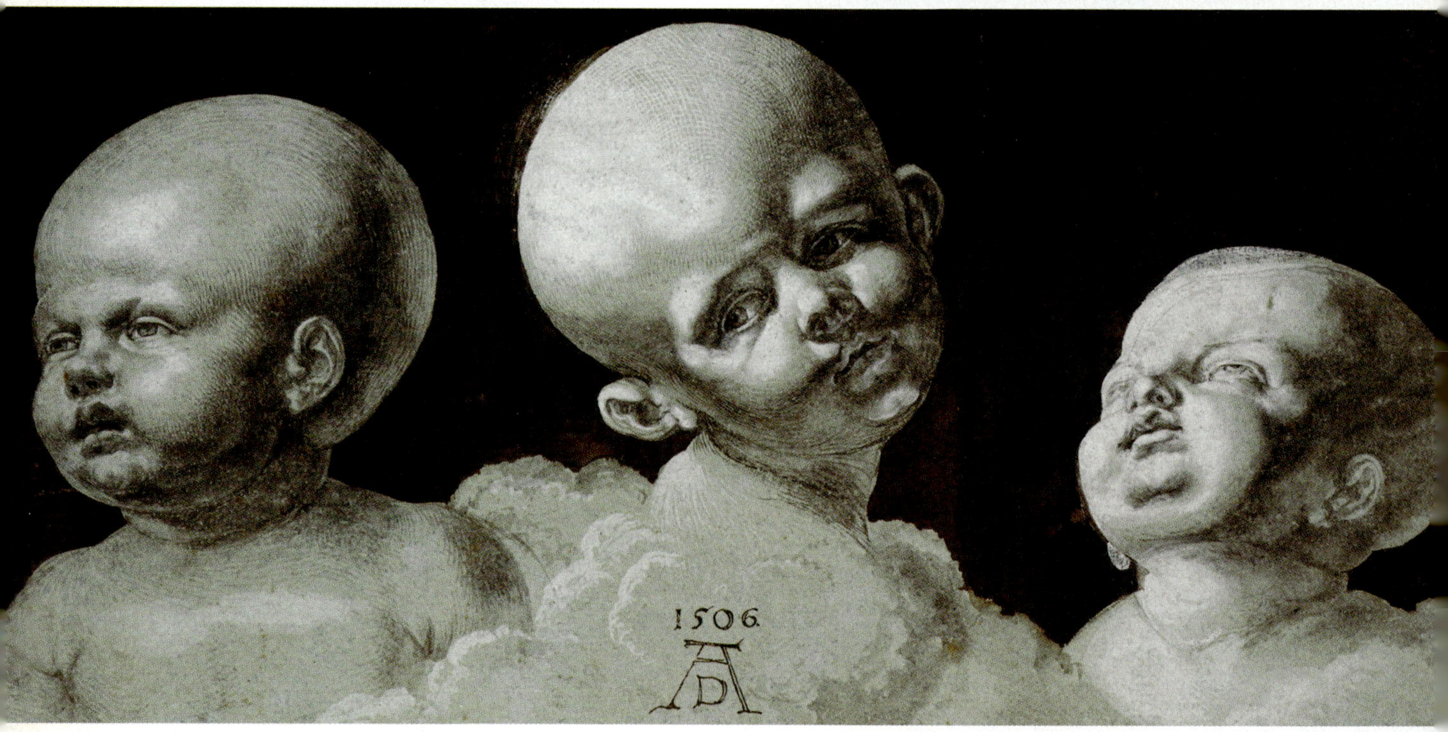

Detailgetreu wie fürs zoologische Lehrbuch schuf Dürer den Feldhasen (1502). Ängstlich und angespannt schaut das Tier drein, sein Fell scheint zu zittern. Mit den Augen eines Insektes sah der Künstler Grashalme und Löwenzahn des großen Rasenstücks (1503). Die drei von Wolken umschwebten Kinderköpfe skizzierte er im Jahr 1506 in Venedig

DIE NATUR A

Im Auftrag der deutschen Kaufleute in Venedig entstand Dürers Rosenkranzfest (1506), auf dem mit roten Locken die Kinder als Puttenschar wiederkehren, Maria krönen und Kränze verteilen. Zur Rechten der Gottesmutter kniet der Papst, zur Linken der Kaiser. Verschwunden ist die Fliege, die Dürer zum Scherz auf das Knie der Gottesmutter gemalt hatte

Albrecht Dürer wurde am 21. Mai 1471 in Nürnberg geboren. In Nürnberg ist er am 6. April 1528 gestorben. Die reiche und selbstbewusste Stadt verkannte, wie das in der Geschichte der Kunst immer wieder geschieht, über lange Zeit ihren hochgelobten Sohn. So verteilte sich das vielfältige Werk auf die Museen der Welt. Selbst die auf Lindenholz gemalten „Vier Apostel“, die Tafeln, die Albrecht Dürer zwei Jahre vor seinem Tod seiner Vaterstadt mit der Bitte vermachte, sie „gefällig und günstlich“ anzunehmen, verließen 1627 Richtung München die Stadt. Kurfürst Maximilian I. von Bayern hatte ihre Herausgabe erzwungen. Auch nachdem 1806 Nürnberg zum Königreich Bayern gehörte, kamen sie trotz Bemühungen der Stadt nie wieder zurück. Erst zur 950-Jahrfeier im Jahr 2000 wurde der Werbespruch von der „Dürer-Stadt Nürnberg“ in die Welt gesetzt und 2004 ein Dürer-Weg mit acht Stationen vom Albrecht-Dürer-Haus zum Germanischen Nationalmuseum eingerichtet. Mit Fantasie und guten Schuhen kann der Mensch des 21. Jahrhunderts Dürers Lebenswelt laufend und schauend nachempfinden.

Nürnberg war zur Zeit von Dürers Geburt eine dicht besiedelte, prosperierende Reichsstadt, deren Einwohnerzahl auf 20000 geschätzt wird. Eine Zahl, die sich in den folgenden dreißig Jahren mehr als verdoppeln sollte. Die Nürnberger waren erfolgreiche und selbstbewusste Kaufleute und Handwerker, sie genossen Privilegien und waren davon überzeugt, in der „Goldenen Epoche“, der Mitte Deutschlands oder sogar ganz Europas zu leben. Die tonangebenden 42 Familien bildeten den „Rat“, und ihre patrizische Oligarchie war klug genug, die Armen nicht zu vergessen. Die Handwerker und Künstler waren frei, sie unterlagen nicht wie anderswo den Vorschriften einer Zunft oder Gilde. Umgeben von Wäldern und Feldern bestimmten eine Burg und zwei Hauptkirchen, St. Lorenz und St. Sebald, das Bild der von einer Mauer geschützten, mit einem prächtigen Rathaus versehenen spätmittelalterlichen Stadt.

Dürers Vater war aus Ungarn nach Nürnberg gekommen und hatte sich beim Goldschmiedemeister Holper verdingt. Als dessen Tochter Barbara eine „hübsche gerade Jungfrau“ von 15 Jahren geworden war, heiratete er sie, und seine „Hausfrau“ gebar ihm in 24 Jahren 18 Kinder. Nur drei Söhne, von denen Albrecht der älteste war, erreichten das Erwachsenenalter. Weil der Sohn Albrecht nicht nur viele Briefe von seinen Reisen, sondern auch eine „Familienchronik“ geschrieben, weil er überhaupt alles, bis zum letzten Notizzettel aufgehoben und gesammelt hat, wissen wir, wie tief der Sohn seinen geduldigen, sanftmütigen und „gegen jedermann friedsamen“ Vater verehrte.

Gehorsam und ehrerbietig gegenüber dem Vater, liebevoll und achtsam gegenüber der Mutter war Albrecht Dürer der ideale Sohn, der sich sein Leben von den Eltern vorbestimmen ließ. Doch im Alter von 15 Jahren widersetzte er sich deren Willen, weil ihn „seine Lust mehr zur Malerei trug“. Er verließ die väterliche Goldschmiedewerkstatt, in der er das Handwerk, das ihm später als Kupferstecher nützlich war, gelernt hatte und begann beim angesehenen Nachbarn Michael Wolgemut eine Lehre als Maler. Da hatte Dürer schon ein erstes, mit Silberstift gezeichnetes Selbstporträt fertiggestellt. Der intensive Blick, den der 13-Jährige auf sich selbst richtet, verrät etwas von dem Willen des späteren Künstlers, sich selbst zu ergründen. Der junge Dürer sieht sich als zarten Knaben mit einem weich geschwungenen Mund und intensiv blickenden Augen. In drei später weltberühmt gewordenen Selbstbildnissen wird sich Dürer mit seinem Äußeren, dem Ausdruck seiner Augen und seines Mundes, mit wechselnder Mode und Frisur, mit dem ganzen Setting aus Licht, Blickrichtung, Proportion und Hintergrund auseinandersetzen. Nur wenige Künstler wie Rembrandt, Max Beckmann oder in unseren Tagen Cindy Sherman haben mit vergleichbar akribischer Aufmerksamkeit das Selbstbildnis bedacht. „Unser Gesicht“, schrieb Dürer, „sei gleichsam ein Spiegel.“

Nürnberg war nicht nur eine sehr wohlhabende, es war auch eine innovative Stadt. Zirkel und Kompasse wurden hier in Massen hergestellt und exportiert. Die Nürnberger erfanden eine Drahtziehmaschine, die mit Hilfe der Wasserkraft der durch die Stadt fließenden Pegnitz betrieben wurde. Diese Maschine ermöglichte die Herstellung vieler Artikel des Alltagsbedarfs von der Nähnadel bis zur Mausefalle, den so genannten „Nürnberger Tand“. Dürer war stolz auf seine Vaterstadt und kehrte von seinen ausgedehnten Reisen nach Colmar, Basel, Straßburg, zweimal nach Venedig und in die Niederlande, immer wieder nach Nürnberg zurück.

Als 23-Jähriger heiratete er die vom Vater ausgesuchte Agnes Frey, was ihm die Mitgift von 200 Gulden, aber, so wird berichtet, weder Kinder noch Eheglück ins Haus brachte. Agnes wurde sein Modell und seine Geschäftsfrau. Sie verkaufte seine Kupfer- und Holzstiche, die Dürer zum Teil in der Großwerkstatt seines Paten Anton Koberger drucken ließ, auf der Messe in Frankfurt und an einem Marktstand am Rathaus. Sie wurde viel allein gelassen und führte das 1509 erworbene stattliche Fachwerkhaus am Tiergärtnertor.

Albrecht Dürer ist einer der international bedeutendsten Künstler der Renaissance. Leicht zu verstehen sind die meisten an christlichem und humanis-

Die junge Venezianerin malte Dürer 1505 auf seiner Reise nach Venedig. Einst zierte die Schöne mit tizianrotem Haar einen Fünfmarkschein. Als Riesenpuzzle war sie 500 Jahre später auf dem Sebalder Platz ausgebreitet

7000 grüne Langohren aus Plastik ließ der Künstler Ottmar Hörl auf dem Nürnberger Hauptmarkt aufhoppeln. „Das große Hasenstück" nannte er die Aktion vom August 2003

tischem Gedankengut reichen Werke nicht. Deshalb suchte der jeweilige Zeitgeschmack sich aus diesem vielfältigen Werk, den Gemälden, Zeichnungen, Aquarellen und der Druckgrafik, das Passende heraus. Die erste große Dürerverehrung, die schon kurz nach seinem Tod 1528 einsetzte, sah und bewunderte in ihm den Maler der Frömmigkeit, der schönen Altäre, des „Jesusknaben mit Weltkugel", der Madonnen und des „Christus als Schmerzensmann". Im 17. Jahrhundert wurden seine „Kunsttugenden" anderen Malern als beispielhaft vorgehalten. Auch die heftige Dürerliebe der Romantiker war einseitig verklärt.

Bis ins späte 20. Jahrhundert wollte man in Dürers großem „Selbstbildnis" aus dem Jahre 1500 (München, Alte Pinakothek) ein Christusideal erkennen. Niemand schien sich darüber Gedanken gemacht zu haben, wie anmaßend es von diesem jungen Mann gewesen wäre, in seinen eigenen Zügen, seinen auffallend langen, auf die Schulter herabfallenden prächtigen Korkenzieherlocken, seinem penibel gestutzten Bart, im kostbar pelzbesetzten Gewand Christi Abbild zu spiegeln. Er selbst hat neben seinem Kopf in Höhe der starr blickenden Augen sein Signet und die Jahreszahl gesetzt und auf die andere Seite die vier Zeilen geschrieben, die besagen, dass er sich im „Alter von 28 Jahren" in den „mich kennzeichnenden Farben" nachgeschaffen hat. Der junge schöne Mann blickt nicht starr in das Auge des Betrachters, weil sein Blick sich mit dem Göttlichen gleichsetzt, sondern weil der Maler sein Gesicht im Spiegel sah und es von dort abmalte. Der feingliedrige Dürer, der kurz darauf seinen nackten, sehnigen Körper, sein großes Gemächt mit Pinsel und Feder gezeichnet hat, muss sehr großen Wert auf sein Äußeres gelegt haben. Er war ein freier Künstler, kein Handwerker, er kombinierte Selbstinszenierung und Selbstkontrolle.

Dürer war ein Künstler mit großer intellektueller Fähigkeit, der das Gedankengut des Humanismus in sich aufnahm und davon überzeugt war, dass die Erneuerung deutscher Malerei nur durch Kenntnis der italienischen Kunst erreicht werden konnte. In seinem Tagebuch und in Briefen berichtet er, was er zu Fuß oder per Schiff unterwegs sah, wen er unter

DAS PUZZLE

den Malern in Venedig und Bologna traf, wer mit ihm sprach, von wem er missachtet und von wem er, wie vom alten Bellini, anerkannt wurde.

Unter den Freundschaften war die zum Nürnberger Patrizier Willibald Pirckheimer die intensivste. Die beiden müssen ein merkwürdiges Paar gewesen sein. Der in Italien als Jurist ausgebildete, vermögende Pirckheimer war ein Tausendsassa, der antike Texte übersetzte, selbst schrieb, ein handfester Politiker und Heerführer Maximilians I. und ein Lebemann war. Dagegen der zartgliedrige, auch heitere und gesellige Maler, der oft über Geld sprach, weil es ihm fehlte, weil seine Auftraggeber schlecht zahlten, oder der kein Geld annehmen wollte. „Ich hab 4 Gulden aus Kunst gelöst", schreibt er ins Reisetagebuch, „ich hab 1 Gulden zu Zehrung gewechselt. Ich hab dem Hans Lieber von Ulm mit dem Kohln konterfet, der wollt mir ein Gulden geben, aber ich wollt ihn nit nehmen." Außerdem verschuldete er sich beim Spielen. Pirckheimer hat seinen Freund oft finanziell über Wasser gehalten, ihm Lateinisch nahe gebracht und dafür gesorgt, dass er an den elitären Zirkeln der Humanisten im Nürnberger Waaghaus teilnehmen durfte.

Dürer porträtierte Pirckheimer 1503 im Profil mit einer Boxernase und elf Jahre später schmeichelhafter, wenn auch vom guten Leben gezeichnet und setzte die Inschrift „Man lebt nur durch den Geist, alles andere wird vergehen" darunter. Pirckheimer verschickte das Konterfei an seine gelehrten Freunde. Auch an Erasmus von Rotterdam, der es in seinem Studierzimmer aufhängen ließ. In den drei so genannten Meisterstichen „Hieronymus im Gehäus", „Ritter, Tod und Teufel" und „Melencolia I" drückt Dürer drei geistige Hauptrichtungen seiner Zeit aus: Humanistische Gelehrsamkeit, naturwissenschaftlich-technische Grübelei und Gottesglauben. In der „Melencolia I", ein Kupferstich, den der trauernde Dürer im Todesjahr seiner Mutter 1514 fertigte, erkannte man ein geistiges Selbstbildnis.

Unser heutiges, populäres Dürerbild besteht aus einer millionenfach reproduzierten Einfachversion: Hase, Veilchenstrauß, betende Hände und das ausgemergelte Gesicht einer alten Frau. Die vier Bilder wurden in der zweiten Hälfte des 20. Jahrhunderts die vermarktbare Kurzfassung eines komplexen Lebenswerks. Sie reduziert Dürers umfangreiches Schaffen (720 Holzschnitte, 100 Kupferstiche und Radierungen, 2000 Zeichnungen und 190 Gemälde) auf die schöne Natur des Tieres und der Blumen, auf die vorbildliche Frömmigkeit, derer sich unendlich viel Devotionalienkitsch bediente und auf ein Greisinnenbild von Dürers Mutter. Der Grafiker Klaus Staeck benutzte es für sein bekanntestes Poster, unter das er die freche Frage setzte: „Würden Sie dieser Frau ein Zimmer vermieten?". Nur Leonardo da Vincis „Mona Lisa" hat größere Verhohnepiepelungen überstanden. Dürer, der einmal gesagt hat, er müsse die deutsche Mentalität berücksichtigen, hat das Pech, oft falsch geliebt und sehr oft im falschen Ausschnitt gesehen zu werden. Ob das daran liegt, dass der Deutsche die „deutsche Mentalität" nicht mehr liebt?

Dürer ist der bekannteste unbekannte Künstler. Er ist ein von der Renaissance beeinflusster Maler der klaren und reinen Farben, ein überaus zarter Aquarellist, ein feiner und auch humorvoller Zeichner und der weltbekannte Schöpfer der Kupfer- und Holzstiche. Er hat große Porträts von Nürnberger Bürgern wie der „Elsbeth Tucher" (Kassel, Gemäldegalerie Alte Meister) gemalt und Nürnbergs Stadt- und Landschaftsansichten beeindruckend festgehalten. Durch ihn wissen wir, wie die „Drahtziehmühle an der Pegnitz", die „Weidenmühlen" am Pegnitzufer, der „Trockensteg am Haller-

DAS HAUS

Das Haus am Tiergärtnertor kaufte Dürer im Jahr 1509. Es war Wohnung und Werkstatt. Auf dem Markt verkaufte Ehefrau Agnes Drucke ihres Mannes. Heute können Besucher des Dürerhauses bestaunen, wie unter der Presse Kunst entsteht

tor" und die ummauerte Stadtanlage mit ihrer Burg aussah. Auch drei schöne „Lindenbäume" unterhalb der Nürnberger Burg hat er gemalt. Aber auf Zeichnungen und Aquarellen auch die Ängste seiner Epoche dargestellt. Sein 1525 entstandenes „Traumgesicht einer apokalyptischen Sintflut" sieht aus, als fiele ein Atompilz auf die flache Erde. Das Bild spiegelt auf erschütternde Weise auch die Ängste unserer eigenen Zeit wider. „Im Schlaf", schreibt Dürer in seiner flüssigen Handschrift auf das kleine Blatt, „hab ich dies Gesicht gesehen, wie viel großer Wassern van Himmel fielen. Und das erst traf das Erdrich ungefähr vier Meil van mir mit einer sölchen Grausamkeit mit einem ubergroßem Rauschen und Zersprützen und ertränket das ganz Land ..." Dürer ist nicht auf den harmlosen Maler von Blume, Hase, Grashalm und schöner Stadtansicht zu reduzieren. Dürer ist der Maler des Schönen und des Alptraums. Aber im Unterschied zum Menschen des 21. Jahrhunderts konnte er aus dem schlimmen Traum erwachen und schreiben: „Gott wende alle Ding zum besten."

Nach Dürers Tod schnitten ihm seine Schüler eine große Locke ab, die der begabteste, Hans Baldung Grien, behalten durfte. In Form eines Fragezeichens gelegt, befindet sie sich seit 1873 in Wiens Akademie der bildenden Künste. Wenige Tage nach der Beerdigung auf dem Johannisfriedhof, öffneten Nürnberger Künstler sein Grab und fertigten eine Totenmaske an. Die Dürerverehrung begann. □

Verena Auffermann *studierte Kunstgeschichte, ist Kritikerin („Zeit", „SZ") und Essayistin. Sie lebt in Berlin.*

MERIAN | TIPP

Das Albrecht-Dürer-Haus
Spannend in dem viergeschossigen Gebäude aus dem frühen 15. Jh. sind die Holzschnittdruckpresse und die Farbherstellung, präsentiert von Gisela Brandstätter, die als Agnes Dürer zuweilen auch Führungen macht (s. S. 21).
Albrecht-Dürer-Straße 39, Tel 231 25 68
www.museen.nuernberg.de/duererhaus
Di-So 10-17, Do bis 20 Uhr,
Juli-Sept. und Dez. auch Mo 10-17 Uhr; 5 €

Die Mischung macht's: Ein Arbeiter komponiert aus Farbpigmenten und Bindemitteln die Farben für die Buntstiftherstellung

MADE IN

Wirtschaftlich ist Mittelfranken eine Wundertüte: Viele kleine Firmen produzieren Spitzenleistungen auf Weltniveau

geobra Brandstätter | Playmobil-Spielzeug

VERWANDLUNGSZWERGE

Gerade 7,5 Zentimeter misst das Männchen, das vom fränkischen Zirndorf aus die Welt eroberte und heute mit zwei Milliarden Playmobil-Schwestern und -Brüdern die Kontinente bevölkert. Das Familienunternehmen geobra Brandstätter, 1876 gegründet, hatte nach dem II. Weltkrieg schon Registrierkassen von Kinderkaufläden produziert, Hula-Hoop-Reifen, Rennautos aus Kunststoff, Traktoren für Kinder und Sparschweine, aber auch Öltanks, Wasserski und Kleinmöbel. Dann kam Anfang der Siebziger die Ölkrise, der Rohstoff für Plastikgegenstände wurde existenzgefährdend teuer. Brandstätter löste mit einem Genieblitz, der in alle Kinderzimmer einschlug, die Probleme. Die materialsparenden Playmobil-

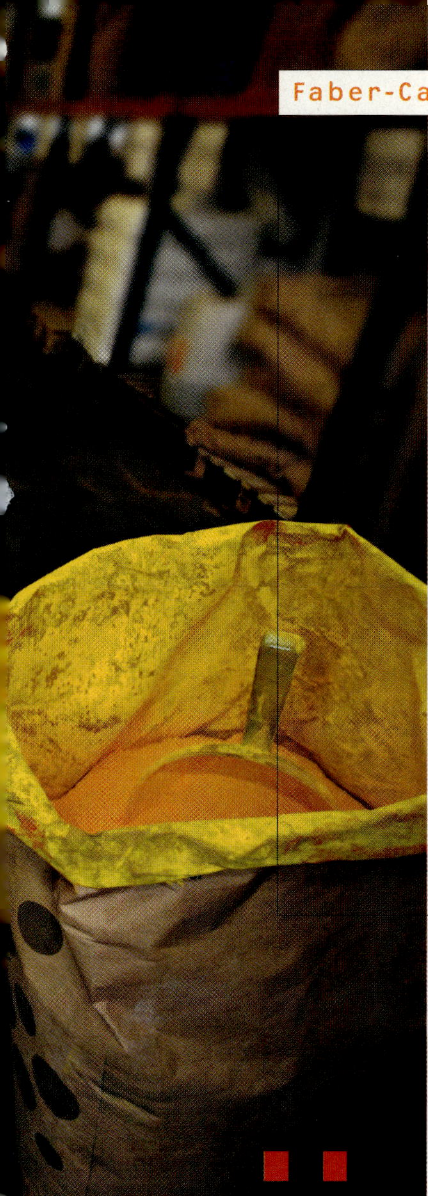

FARBSPIELZEUG

Der „Bleystefft“, der eigentlich ein Graphitstift ist, wird erstmals im Jahr 1644 erwähnt, vom ersten Nürnberger Bleistiftmacher Hannß Baumann ist 1659 die Rede. Rund 100 Jahre später beginnt der Schreiner Caspar Faber Schreibgeräte zu fertigen. Johann Froescheis folgt zu Beginn des 19. Jahrhunderts (heute Lyra-Bleistift-Fabrik) und Johann Sebastian Staedtler 1835. Caspar Fabers Urenkel Lothar führt den sechseckigen Schreiber ein und legt Härtegrade für die Minen fest. Für seine unternehmerischen Verdienste wird er geadelt. 1856 erwirbt die Firma eine Graphitgrube in Sibirien, seit 1905 gibt es den berühmten grünen „Castell 9000“ – seine Enkelin, eine Freiin von Faber hatte inzwischen einen Graf zu Castell-Rüdenhausen geheiratet, die Firma nennt sich fortan Faber-Castell. Neue Modelle kommen auf den Markt, Künstler entwerfen neues Design. Buntstifte erweitern die Palette, im Auftrag von Kosmetikfirmen werden „Schönschreiber“ wie Kajal- oder Lippenkonturenstifte gefertigt. Mehr als 1,8 Milliarden Blei- und Farbstifte pro Jahr produziert Faber-Castell als größter Hersteller holzgefasster Stifte. 6000 Mitarbeiter sind weltweit beschäftigt. Das Holz kommt aus Brasilien.Dort wachsen auf 10 000 ha firmeneigenen Plantagen Pinien. Gefällte Bäume werden durch jährlich eine Million Jungpflanzen ersetzt.

Mo bis Fr können individuelle Führungen durch das Faber-Castell'sche Schloss in Stein, das Museum „Alte Mine“ sowie die Bleistiftfertigung gebucht werden unter:
erlebnismeile@faber-castell.de
jeden 3. So im Monat
sind Schloss und Museum
von 11-17 Uhr geöffnet

Fotos: Walter Schmitz

NÜRNBERG

Kerlchen machten die Firma zum umsatzstärksten deutschen Spielwarenhersteller. Die kleinen Verwandlungskünstler bewähren sich als Spielzeug auf Baustellen, im Wilden Westen, im Zirkus, als Piraten oder in der Ritterburg, kurz: überall. Sie bringen dem Unternehmen, ein echter „global player“ mit über 2700 Mitarbeitern weltweit, 380 Millionen Euro Umsatz.

Armee der Fantasie: Playmobil-Figuren

Hart im Nehmen: Zylinderrollenlager in einem Prüfstand

Schaeffler Gruppe | Präzisionslager

WELTBEWEGEND

Mit Gürtelschnallen und Knöpfen fingen Wilhelm und Georg Schaeffler 1946 in Herzogenaurach an. Heute zählt die Schaeffler Unternehmensgruppe weltweit mehr als 60 000 Mitarbeiter. Ihre Produkte – etwa 150 000 – werden von 60 Industriebranchen u.a. im Maschinenbau, der Luft- und Raumfahrt sowie der Automobilindustrie gebraucht. Ein großer Teil sind Wälzlager, die bei geringer Reibung eine Last zwischen gegenläufig bewegten Flächen übertragen. So definieren es die Ingenieure – und können für jeden Kunden das spezielle Bauteil entwickeln, ganz nach der Firmendevise: „Gemeinsam bewegen wir die Welt." Lager von Schaeffler sorgen auch dafür, dass sich das „London Eye", das Riesenrad der Themsestadt, seit der Jahrtausendwende sicher dreht.

WEITBLICK

Fast jeder zweite Erdenbewohner braucht eine Brille, das sind mehr als drei Milliarden Menschen. Was Wunder, wenn Dr. Wolfgang Rebstock sagt: „Unserem Unternehmen geht es gut." Keine Spur also von Understatement beim Vorsitzenden der Geschäftsführung von Eschenbach Optik in Nürnberg. Die Firma wurde 1913 gegründet, heute erwirtschaften weltweit mehr als 500 Mitarbeiter 100 Millionen Euro jährlich. Der größte Teil des Umsatzes wird mit Brillen erzielt, bei Brillenfassungen ist Eschenbach Marktführer in Deutschland, die Kollektionen umfassen fast ausschließlich eigene Marken. Ende der achtziger Jahre brachte Eschenbach die TITANflex auf den Markt, eine Sehhilfe, die ein „Gedächtnis" besitzt und auch nach außergewöhnlicher Belastung sich wieder in ihre ursprüngliche Form zurückbiegt. Die „Unkaputtbaren" bewähren sich nicht nur bei Kindern, sondern auch bei schusseligen Erwachsenen. Eschenbach stellt unter dem Motto „wenn die Brille nicht mehr ausreicht" außerdem in eigener Fertigung und höchster Präzision Lupen, Lesegläser und Ferngläser sowie optische Komponenten für industrielle Anwendungen her. „Überall, wo Licht steuern, beleuchten und übertragen kann, muss es kanalisiert werden – und dafür braucht man Linsen", sagt Wolfgang Rebstock. Eschenbach hat also noch viel vor.

Die künftigen Spezialisten für „Vision Technology": Azubis bei Eschenbach

Eschenbach Optik | Linsen

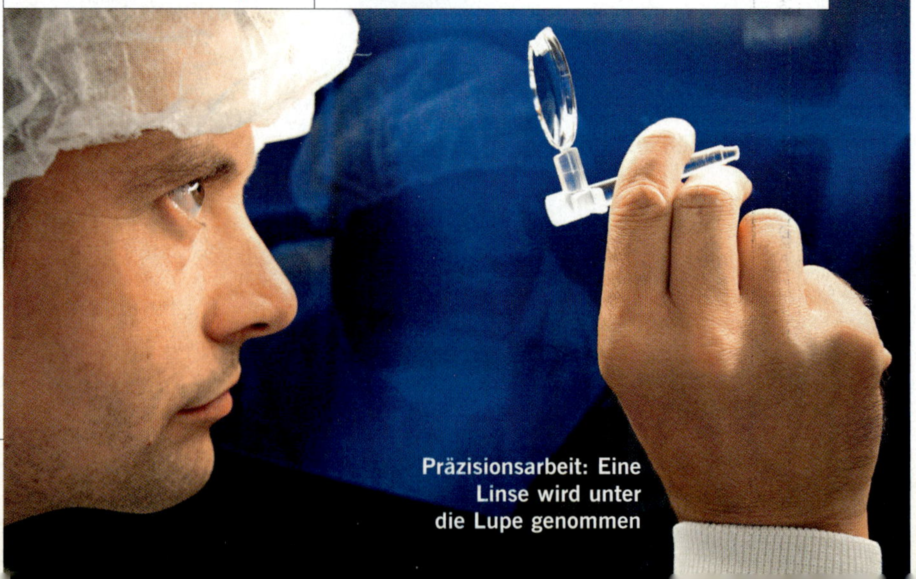

Präzisionsarbeit: Eine Linse wird unter die Lupe genommen

Hydraulische Greifer halten bei KonradinHeckel tonnenschwere Papierrollen bereit für die Rotation. Kritisch vergleichen die Drucker das MERIAN-Cover mit dem was von ihrer Rolle kam

KonradinHeckel | Offsetdruckerei

RASEND VON DER ROLLE

125 Millionen Seiten werden bei KonradinHeckel täglich bedruckt. An manchen Tagen sind es auch die Seiten eines neuen MERIAN-Heftes. Denn seit vielen Jahren liegt die Zeitschrift in der Obhut des hochmodernen Rollenoffset-Unternehmens mit 400 Mitarbeitern, einer von mehreren renommierten Großdruckereien in Nürnberg. Auch wenn MERIAN dran ist, geht alles ganz schnell: zweieinhalb Stunden dauert es, bis ein Bogen mit 48 Seiten eines Heftes hunderttausendfach bedruckt ist. Das entspricht einer Geschwindigkeit von 15 Metern pro Sekunde oder 54 km/h. Ist eine Zweitonnen-Papierrolle durchgelaufen – und das dauert nicht lange –, wird im fliegenden Wechsel die nächste aufgesattelt. Die Drucker von KonradinHeckel sind nicht die einzigen, unter deren Händen eine MERIAN-Ausgabe zustandekommt: Das Cover entsteht im Bogenoffset bei Sachsendruck in Plauen, auch gelumbeckt (fadenlos gebunden) wird dort. Und der kleine handliche Faltplan ist ein Werk von Offset Druck Nürnberg (ODN).

GfE Medizintechnik | Titanisierter Kunststoff

EINFÜHLSAM

Wie kriegt man Titan, Inbegriff von Unbezwingbarkeit, dazu, sich wie Kunststoff zu verhalten? Die Antwort: nanotechnologisch. Eine 30 Millionstel Millimeter (Nanometer) dünne Titanschicht wird in ihre atomaren Bestandteile zerlegt. Die lagern sich dann an der Kunststoffoberfläche (Polypropylen) an. So entsteht ein Material, flexibel und körperverträglich – ideal etwa für Brustimplantate. Hersteller dieses Hightech-Produkts ist GfE Medizintechnik, 2002 gegründet als Tochter des Nürnberger Traditionsunternehmens GfE. Die Gesellschaft für Elektrometallurgie produzierte früher Legierungen für die Stahlherstellung und hat sich heute auf neue Werkstoffe u.a. für die Photovoltaik sowie für Flugzeugturbinen und Formel-1-Rennwagen spezialisiert.

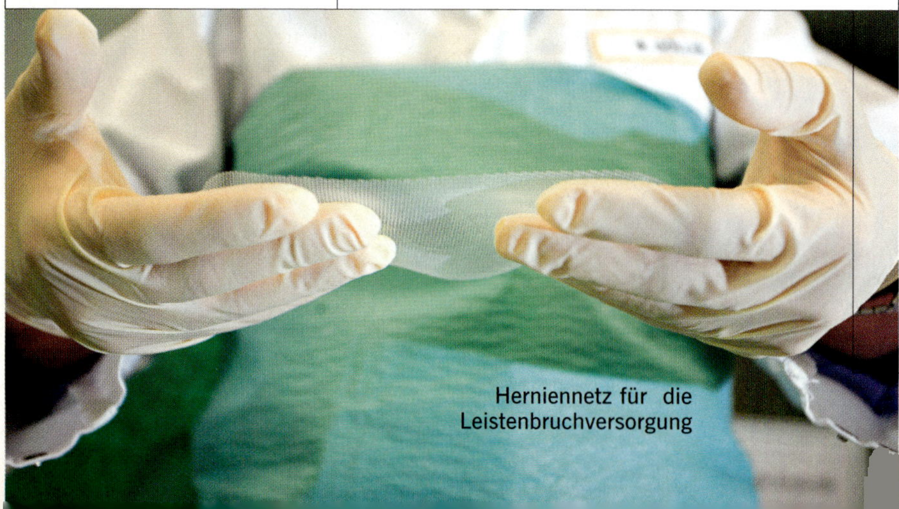

Herniennetz für die Leistenbruchversorgung

Entdeckung

FRANKEN-POWER

Kleine Spezialfirmen machen den Wirtschaftsstandort Nürnberg wieder stark – und Dienstleister setzen noch einen drauf

Text: Uwe Ritzer

Jahrzehnte lang war Herzogenaurach „die Stadt der gesenkten Köpfe." Nicht etwa, dass die Menschen besonders depressiv gewesen wären, ganz im Gegenteil. Der Blick nach unten richtete sich auf die Schuhe des Gegenüber. Hatten diese an den Seiten drei schräge Streifen von oben nach unten oder zierte sie eine schwungvolle Linie, die nach vorne hin dicker wurde und kurz vor den Zehen zur Sohle hin abbog? adidas oder Puma, das war hier die Frage. Dahinter standen zwei Brüder, die erst gemeinsam Sportschuhe schusterten, sich dann aus nie aufgeklärtem Grund erbittert zerstritten und Zeit ihres Lebens angeblich kein Wort mehr miteinander sprachen. So spalteten sie Herzogenaurach.

Wer für Adolf Dassler („adidas") arbeitete, verkehrte nur unter seinesgleichen, für Mitarbeiter von Rudolf Dassler („Puma") galt dies ebenso. Sogar wechselseitiges Heiraten war verpönt. Dementsprechend gab es Kneipen und Vereine, in denen nur adidas- oder Puma-Leute verkehrten, und natürlich gab es auch zwei Fußballvereine, die erbitterte Lokalrivalen waren. So galten Schuhe als Erkennungszeichen, als Merkmal zur Zugehörigkeit zur ein oder anderen Bevölkerungsgruppe. Es wäre unvorstellbar gewesen, dass der talentierte Sohn des Puma-Hausmeisters Matthäus woanders kickte als beim örtlichen FC. Natürlich unterschrieb besagter Lothar seinen ersten Profivertrag nicht beim adidas-Team 1. FC Nürnberg. Und Jahre später kickte er beim adidas-Team FC Bayern München noch immer in Puma-Schlappen.

Eine kleine Exkursion nach Herzogenaurach hilft dem Fremden, im Kleinen relativ schnell zu verstehen, wie es um die Region insgesamt wirtschaftlich bestellt ist. Denn in der Halbmillionenstadt Nürnberg selbst ist die Lage viel unübersichtlicher. Vor allem im Süden der Frankenkapitale schlug einst das industrielle Herz Süddeutschlands. In einer Fabrik neben der anderen wummerten die Maschinen. Es wurde produziert auf Teufel komm raus: Motoren, Loks, Zugwagen, Getriebe, Industriemaschinen, Haushaltsgeräte und Fernseher. Dann aber verlagerten immer mehr Unternehmen ihre Produktion in Billiglohnländer. Andere kämpften ums Überleben. Von Grundig, Triumph Adler oder AEG haben nur Bruchstücke überlebt.

Viele der ehedem strahlenden Leuchtreklamen und Firmenschilder, die von der glorreichen Vergangenheit übrigblieben, sind morbide geworden: Der blaue Grundig-Schriftzug auf dem einstigen Unterhaltungselektronikwerk in Nürnberg-Langwasser, das – inzwischen verfremdete – Quelle-Symbol am weithin sichtbaren Firmenpylon an der Fürther Straße oder die drei knallroten Versalien AEG nahe der Stadtgrenze zu Fürth. Den drei Großbuchstaben steht auf der anderen Seite der Muggenhofer Straße an einem früheren AEG-Verwaltungsbau ein neues Kürzel gegenüber, in knalligem Orange: GfK. Nur ein paar hundert Meter stadteinwärts ist in grün der Schriftzug Datev zu lesen. Beide Namen haben längst (noch?) nicht die Symbolkraft wie die deutschen Nachkriegs-Wirtschaftswundermarken Grundig oder Quelle. Aber sie stehen für neue Erfolgsgeschichten und markieren damit den Strukturwandel, durch den sich das fränkische Ballungszentrum kämpft. Nürnberg samt Umland ist wirtschaftlich betrachtet keine Boom-, aber auch keine Krisenregion, auch wenn man dies glauben konnte, wenn man im Winter 2006/2007 die Fernsehbilder von frierenden AEG-Werkern vor ihren wärmenden Feuertonnen sah, die (letztlich vergeblich) für

ZU ALLEN ZEITEN EINFACH SPITZE

- **13. Jh.** Die Nürnberger backen bereits Lebkuchen
- **1390** Ulman Stromer startet die erste Papiermühle Deutschlands
- **1469** Die erste Druckerei siedelt sich in Nürnberg an
- **1492** Der Globus, die älteste Darstellung der Welt als Kugel, wird nach einem Entwurf von Martin Behaim gefertigt
- **1500** Erhard Etzlaub entwickelt mit der Romweg-Karte die erste Straßenkarte des christlichen Europas
- **1525–1528** Albrecht Dürers Vermessungs-, Befestigungs- und Proportionslehre erscheint
- **1569** Die erste deutsche Produktionsstätte von Leonischen Drähten, feinsten Metallfäden für edle Textilien wie Brokat, wird gegründet
- **um 1670** Der Glasschneider Heinrich Schwanhardt entdeckt das Verfahren zum Ätzen von Glas
- **um 1700** In der Werkstatt von Christoph Denner wird die erste Klarinette gebaut
- **1717** Johann Heinrich Schulze schafft die Grundlagen zur Fotographie

Klinikum Nürnberg

wir sind für Sie da!

Im Klinikum Nürnberg arbeiten 5.500 Fachkräfte in insgesamt 36 Fachkliniken und Instituten zusammen

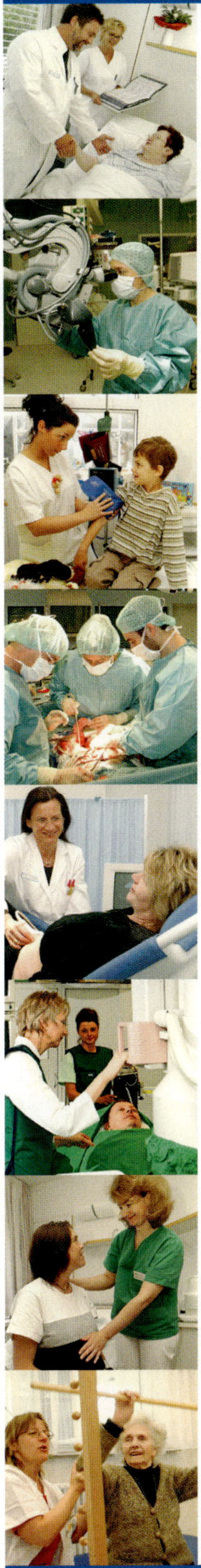

Allgemein-, Viszeral- und Thoraxchirurgie, *(0911) 398 -29 79*
Ästhetische, Plastische und Rekonstruktive Chirurgie, *(0911) 398 -72 20*
Altersmedizin, *(0911) 398 -39 43*
Ambulantes Reha-Zentrum, *(0911) 398 -90 10*
Anästhesiologie und Operative Intensivmedizin, *(0911) 398 -53 02*
Augenklinik, *(0911) 398 -26 68*
Brustzentrum, *(0911) 398 -38 45*
Endokrinologie und Diabetes, *(0911) 398 -23 69*
Ernährungsberatung und Oecotrophologie, *(0911) 398 -30 18*
Frauenheilkunde, *(0911) 398 -22 22*
Gastroenterologie, Hepatologie, Ernährung, *(0911) 398 -29 50*
Geburtshilfe, *(0911) 398 -28 03*
Gefäßchirurgie, *(0911) 398 -26 51*
Geriatrie, Toxikologie, *(0911) 398 -24 34*
Gynäkologie, *(0911) 398 -22 22*
Hals-, Nasen-, Ohrenklinik, *(0911) 398 -25 16*
Hautklinik, *(0911) 398 -24 60*
Herzchirurgie, *(0911) 398 -54 41*
Kardiologie, *(0911) 398 -29 90*
Klinik für Kinder und Jugendliche, *(0911) 398 -23 07*
Kinderchirurgie, *(0911) 398 -54 55*
Kinder- und Jugendpsychiatrie, Psychotherapie, *(0911) 398 -28 92*
Klinikhygiene, Medizinische Mikrobiologie und Klinische Infektiologie, Reise- u. Impfberatung, *(0911) 398 -25 22*
Klin. Chemie u. Laboratoriumsmedizin, *(0911) 398 -24 54*
Kontinenzzentrum, *(0911) 398 -75 84*, *Mo, Di, Mi, 13.30 - 14.30 Uhr*
Medizinische Physik, *(0911) 398 -26 69*
Mund-, Kiefer- und Plastische Gesichtschirurgie, *(0911) 398 -54 90*
Neurochirurgie, *(0911) 398 -23 18*
Neurologie, *(0911) 398 -24 91*
Nieren- und Hochdruckkrankheiten, *(0911) 398 -27 02*
Nuklearmedizin, Klinik und Institut, *(0911) 398 -28 21*
Onkologie, Hämatologie, Knochenmarktransplantation, *(0911) 398 -30 51*
Physikalische und Rehabilitative Medizin und Naturheilverfahren, *(0911) 398 -22 06*
Plastische, Wiederherstellende und Handchirurgie, Zentrum für Schwerbrandverletzte, *(0911) 398 -23 67*
Pneumologie, *(0911) 398 -26 74*
Privatklinik *medizinplus*, *(0911) 398 -39 50*
Prostatazentrum, *(0911) 398 -75 75*, *Mo 17.00 - 18.00 Uhr*
Psychiatrie und Psychotherapie, *(0911) 398 -28 29*
Psychosomatik und Psychotherapeutische Medizin, *(0911) 398 -28 39*
Radiologie, Diagnostische und Interventionelle (Klinikum Nord), *(0911) 398 -25 40*
Radiologie, Diagnostische und Interventionelle (Klinikum Süd), *(0911) 398 -52 02*
Radioonkologie, Klinik und Praxis, *(0911) 93 35 60, (0911) 398 -22 96*
Schlafmedizinisches Zentrum, *(0911) 398 -20 50*
Schmerz-Tagesklinik, *(0911) 398 -27 00*
Schmerzambulanz, *(0911) 398 -26 88*
Sportmedizin (Cardio-Check und Centrum für Leistungsdiagnostik), *(0911) 398 -56 30*
Transfusionsmedizin und Immunhämatologie, Thrombozytenspende, *(0911) 398 -23 28*
Unfall- und Orthopädische Chirurgie *398 -26 00*
Urologische Klinik, *(0911) 398 -23 72*

Krankenhaus Lauf, *(09123) 180 -0*
Krankenhaus Altdorf, *(09187) 800 -0*
Krankenhaus Hersbruck, *(09151) 738 -0*

Infos unter: Telefon *(0911) 398 -0*, Telefax *(0911) 398 -29 99*, E-Mail: *mail@klinikum-nuernberg.de*

Fotos: Rudi Ott

www.klinikum-nuernberg.de

Interdisziplinäres Schlafmedizinisches Zentrum im Klinikum Nürnberg

Unser Leistungsspektrum

- Diagnostik und Therapie der Schlafapnoe bei Erwachsenen und Kindern
- Einstellung auf n-CPAP/n-BiPAP-Maskenbeatmung
- Einstellung auf Heimbeatmung
- Spezialsprechstunde für Beatmungspatienten
- Schulungskurse für Patienten mit Schlafapnoe
- Einstellung auf Sauerstoff-Langzeitversorgung
- Diagnose der Insomnie (Ein- und Durchschlafstörungen)
- Therapie arzneimittelbedingter Schlafstörungen
- Verhaltenstherapeutische Einzel- und Gruppenbehandlungen
- Psychotherapie
- Schlafhygienische Beratung
- Schlaftraining für Menschen über 60 Jahre (in Kooperation mit dem Zentrum für Altersmedizin)
- Diagnose und Therapie des Restless Legs Syndroms (RLS)
- Diagnose und Therapie nächtlicher periodischer Beinbewegungen (PLMS)
- Diagnose und Therapie der Narkolepsie
- Diagnose und Therapie zirkardianer Schlaf-Wach-Störungen (z.B. Schichtarbeitersyndrom)
- Diagnose und Therapie von Parasomnien (z.B. Schlafwandeln, Pavor nocturnus)
- Diagnose und Therapie von Bruxismus (Zähneknirschen)

Schlaflabor im Klinikum Nürnberg
Tel.: 0911/ 398 -74 30 · Fax: 0911/ 398 -74 22
E-Mail: schlaflabor@klinikum-nuernberg.de

Sie machen mehr als Ihren Job. Wir auch.

medizin plus

Dienst nach Vorschrift ist nicht Ihre Sache. Ein Klinikaufenthalt darf für Sie kein Leerlauf sein. Wir sorgen dafür, dass Sie diese Zeit so gut wie möglich nutzen können. Und das bei bester medizinischer Versorgung.

- Hochleistungsmedizin in Diagnostik und Therapie
- Anbindung an das größte kommunale Klinikum Europas mit 38 Kliniken und Instituten
- Chefarztbetreuung
- Exklusive Hotelatmosphäre
- Einzelzimmer mit Bad, TV, DVD und Internetanschluss
- Business- und Sekretariatsservice
- Freizeit- und Eventberatung für Angehörige

medizinplus Privatklinik

Prof.-Ernst-Nathan-Str. 1 · D-90419 Nürnberg
Tel.: +49 9 11 3 98 - 39 50 · Fax: +49 9 11 3 98 - 39 51
info@medizinplus.com · www.medizinplus.com

Ein Unternehmen des Klinikums Nürnberg

1834 Thomas Leykauf gelingt die chemische Herstellung von Ultramarinblau. Im Mittelalter wurde dafür Lapislazuli von „jenseits des Meeres" (ultra marinus) verwendet

1835 Die Ludwigs-Eisenbahn-Gesellschaft betreibt die erste Strecke in Deutschland zwischen Nürnberg und Fürth

um 1840 Lothar von Faber entwickelt den sechseckigen Bleistift

1875 Als erste Stadt sorgt Nürnberg für eine elektrische Straßenbeleuchtung

1877 Johannes Zeltner erhält für das Verfahren zur chemischen Herstellung von Ultramarinrot das erste deutsche Reichspatent

1923 Mit „Em-eukal" bringt Dr. Carl Soldan das erste Hustenbonbon auf den Markt

1929 Das „Tempo" der Vereinigten Papierwerke macht in Deutschland Karriere als Synonym für Taschentücher aus Papier

1979–1992 Forscher des Fraunhofer-Instituts für Integrierte Schaltungen und der Universität Erlangen-Nürnberg entwickeln das Format für MP3-Player

2003 Die Nürnberger Bratwurst ist EU-weit geschützt

2008 Die erste fahrerlose U-Bahn in Deutschland geht in Betrieb

Quelle: Nürnberg online

den Erhalt ihres Waschmaschinen- und Geschirrspülerwerkes streikten. Die Wirklichkeit ist viel komplizierter.

Daher noch einmal auf nach Herzogenaurach. Bis in die späten achtziger Jahre hatten adidas und Puma hier nicht nur ihre Konzernzentralen, sondern es wurde in ihren Fabriken auch geschustert und genäht. Dann schlitterten beide in die Krise, die beiden Dassler-Familien verloren die Kontrolle und ihre Firmen den Anschluss, mussten ihre Werke im Fränkischen zusperren.

Doch längst sind beide zurück, adidas und Puma hinter dem US-Amerikaner Nike die Nummern zwei und drei der Sportartikelwelt. Beide Firmen sind ausschließlich gigantische Entwicklungs- und Marketingmaschinen, die ihre Produkte branchenüblich weitgehend in Asien herstellen lassen. Doch auch ohne Fabriken wachsen sie in Herzogenaurach kräftig. Haus um Haus erweitert Puma seine Konzernzentrale in der Rudolf-Dassler-Straße. Und adidas hat auf einer von der US-Armee aufgegebenen Kaserne am Rande der Stadt für weit über 100 Millionen Euro seine „World of Sports" aufgebaut, die wächst und wächst. Die Konzernzentrale ist ein riesiger Campus, auf dem fast 3000 Menschen arbeiten. Von Puma und adidas aus der ganzen Welt nach Franken geholte Designer entwerfen Produkte, für die ihre Kollegen in den Büros nebenan globale Marketing- und Vertriebskampagnen steuern.

Im Wirtschaftsraum Nürnberg ist es so an allen Ecken und Enden. Viele Werkbänke sind verschwunden und mit ihnen die extreme Abhängigkeit der Region vom produzierenden Gewerbe. Seit den neunziger Jahren entwickelt sich ein Branchenmix mit wachsendem Dienstleistungsanteil. Laut Industrie- und Handelskammer (IHK) arbeiteten 1974 noch 61 Prozent der Beschäftigten in Industriebetrieben, 30 Jahre später nur noch 37,3 Prozent. Und allen Hiobsbotschaften der jüngeren Vergangenheit zum Trotz: Inzwischen gibt es im Wirtschaftsraum Mittelfranken, so die IHK, netto etwa 80000 sozialversicherungspflichtig Beschäftigte mehr als vor der Krise.

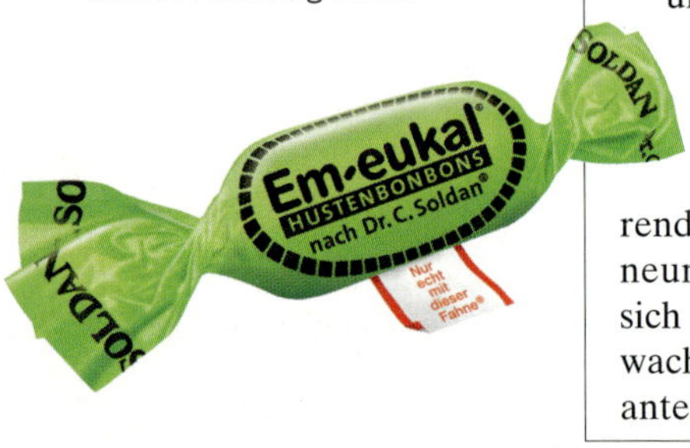

Nürnbergs Oberbürgermeister Ulrich Maly (SPD) beklagt seit Jahren zu Recht, dass hinter den fetten Krisenschlagzeilen über den Niedergang von Grundig oder AEG „die Meldungen über Tausende neue Arbeitsplätze in Call-Center oder Dialogmarketingfirmen fast untergingen". Die GfK stieg von der gemächlichen Gesellschaft zur Konsumforschung zur börsennotierten Aktiengesellschaft auf und wurde zum viertgrößten Markt- und Konsumforscher weltweit. Hierzulande ermittelt sie unter anderem die täglichen TV-Einschaltquoten und den monatlichen Konsumklimaindex. Ähnliche Erfolgsgeschichten schreiben auch die Datev und die Nürnberger Versicherung. Das als Genossenschaft organisierte Rechenzentrum für Steuerberater hat sich zu einem der größten europäischen Dienstleister für Steuerberater, Wirtschaftsprüfer und Rechtsanwälte entwickelt und die Versicherung, die im Zeichen der Burg 4,2 Milliarden Euro umsetzt, ist mit mehr als 5000 Mitarbeitern einer der wichtigsten Arbeitgeber der Region.

Bund und Land haben viele Milliarden Euro in die Region gepumpt, um deren Struktur zu verbessern. Der Flughafen im Norden der Stadt wurde ausgebaut, und im Süden wuchs Halle um Halle das Messegelände. Außer der weltgrößten Spielwarenmesse finden hier kleine und mittlere Fachmessen in Wachstumsmärkten statt. Binnen weniger Jahre ist es etwa gelungen, aus einer regionalen Ökoschau „Biofach" zu entwickeln, die weltgrößte Messe für Bioprodukte.

Erfolgsgeschichten werden auch in Erlangen geschrieben. Als Hochschulort genießt die Stadt mit ihrer Friedrich-Alexander-Universität und den dazugehörigen Kliniken schon lange Weltruf. Natürlich gilt dies auch als Standort von Siemens. Der Konzern stellt in Mittelfranken insgesamt mehr als 33000 Arbeitsplätze und ist so mit weitem Abstand der größte Arbeitgeber. Aber noch wichtiger als die reine Zahl: Die Jobs sind in erfolgreichen Zukunftsbranchen angesiedelt, Energie- oder Antriebstechnik. Und in der Medizintechnik schwimmen neben dem Flaggschiff Siemens inzwischen eine Reihe von Schnellbooten. Kleine hochspezialisierte Unternehmen, die Hightech-Hüftgelenke herstellen und neue Techniken zur Herzdiagnose oder zur Behandlung von Augenkrankheiten entwickeln. Ein Viertel der 80 000 Arbeitsplätze in Erlangen sind im Sektor Medizin angesiedelt.

Den dritten im fränkischen Bund, Fürth, hat Jakob Wassermann zu Beginn des 20. Jahrhunderts als „Stadt der tausend Schlöte" beschrieben – und damit meinte er nicht den 55 Meter hohen Rathausturm, der jenem vom Palazzo Vecchio in Florenz nachempfunden ist. Tatsächlich prägte Industrie lange das Bild Fürths und sorgte für ein Image der verrußten Arbeiterstadt. Vielleicht wird der Geburtsort von Max Grundig sowie Gustav und Grete Schickedanz deshalb oft unterschätzt. Ökonomisch betrachtet ist die Stadt ein heimlicher Champion mit vielen mittelständischen Familienunternehmen der internationalen Spitze. Beispiel: Uvex, der Hersteller von Schutz- und Sportbrillen. Andere sind weniger bekannt, aber nicht minder erfolgreich: Der Gummibärchenhersteller Mederer (Trolli), der Folienproduzent Kurz, die Simba-Dickie-Gruppe mit ihrer Bobby-Car-Tochter BIG.

Und dennoch gibt es zwischen all den großen oder kleinen fränkischen Leuchttürmen auch dunkle Ecken und Gassen. Die Nürnberger Südstadt hat den Aderlass an Industriearbeitsplätzen längst noch nicht verkraftet. In manchen Straßen wohnen überproportional viele Langzeitarbeitslose. Denn es ist nicht einfach, etwa einen Monteur, der bei AEG 30 Jahre lang zuverlässig Waschmaschinen zusammengeschraubt hat, über Nacht zum Kundenbetreuer umzuschulen und in ein Call-Center zu setzen. Weshalb man sich – Dienstleistungseuphorie hin oder her – seit geraumer Zeit verstärkt wieder der Frage widmet, wie auch im produzierenden und verarbeitenden Gewerbe neue Arbeitsplätze entstehen könnten. Noch gibt es einige starke industrielle Motoren vor Ort, die zwar etwas leiser und mit kleinerer Drehzahl laufen als früher; kräftig sind sie aber allemal noch: Der oft fälschlich auf seine Rüstungssparte allein reduzierte Technologiekonzern Diehl, die gut ausgelasteten Motorenbauer der MAN oder Bosch. Bis 2013 will Bosch insgesamt 280 Millionen Euro in seine beiden Nürnberger Werke investieren und damit mehr als 2500 Arbeitsplätze sichern. Mit dem Geld wird nicht nur die Kraftfahrzeugsparte modernisiert. Ab 2008 sollen hier Großgetriebe für Windkraftanlagen gebaut werden. Aufwind also auch auf diesem Gebiet der fränkischen Wirtschaftsregion. □

Uwe Ritzer *ist Wirtschaftskorrespondent der Süddeutschen Zeitung in Nürnberg und Henri-Nannen-Preisträger 2007.*

Text: Ngoc Nguyen | Fotos: Jörg Klaus

Die Erben der Patrizier

Was vom Glanz der Vorfahren blieb

Sie betrieben Groß- und Fernhandel, wurden reich, hatten das Sagen im Rat der Reichsstadt und verstanden sich nach römischem Vorbild als Patrizier. Ihre Namen sind berühmt – und das sind die Nachfahren

1932 in Indien geboren, dort aufgewachsen und später nach Amerika gezogen – doch am Familiensitz in Schoppershof fühlt Paul Freiherr von Tucher die größte Geborgenheit

Rotraut Freifrau von Stromer-Baumbauer

sieht das Familienschloss als Last der Kindheit

Wohlwollend blicken die Ahnen Maria Sophia Nützel von Sündersbühl, verwitwete Paumgartner von Grünsberg, Holenstein und Lonnerstadt und Karl C. Stromer von Reichenbach auf die heutige Schlossherrin. Die Porträts entstanden 1754

Ein Name kann nützlich, aber auch entschieden lästig sein. Für Rotraut Freifrau von Stromer-Baumbauer ist er eine Last. Während die meisten Menschen gerade noch wissen, was der Urgroßvater getrieben hat, weiß sie sogar, was Ihr Ahnherr im Mittelalter verbrochen hat. Ulman von Stromer, Handelsherr, Chronist und berühmter Patrizier, hat ordentliche Kaufurkunden hinterlassen, die bis heute belegen, dass er vom Pogrom profitierte. 1368 hat er am Nürnberger Hauptmarkt, im früheren Judenviertel, einen schönen Hof fertig gebaut. Den Häuserblock hatte er aber nur erwerben können, weil die darin lebenden Menschen entweder enteignet oder verbrannt worden waren. Sie hätten, so legten die Bürger ihnen zur Last, Brunnen vergiftet und die Pest verbreitet – die üblichen antijüdischen Vorwürfe also. Der Mord an 562 Juden kam vielen gelegen, die mehr Platz wollten oder mehr Geld.

„Unser Name lässt die Leute nicht kalt“, weiß die 54 Jahre alte Klavierlehrerin aus Erfahrung. Er berührt, andere und auch sie selbst. Wenn die kleine Rotraut und ihre Spielkameraden nicht wussten, wer genau die Stromers waren – irgendein Geschichtslehrer erzählte es ihnen. Ihr Titel rief seltsame Begeisterung von Anhängern blaublütiger Familien hervor oder unerklärliche Abscheu von Menschen, die den Adel hassen.

Daheim musste man sich mit den kostbaren Antiquitäten aus altem Familienbesitz einrichten – für die begehrten kindgerechten Möbel fehlte das Geld. Rotrauts Mitschüler verbrachten die Sommerferien auf Elba am Meer, für sie ging es regelmäßig nach Grünsberg ins Nürnberger Land. Dort steht das Familienschloss, das 1231 zum ersten Mal urkundlich erwähnt wurde und entsprechend unkomfortabel ist. In Nürnberg spazierte Rotrauts Vater mit der Mutter, ihr und den vier Geschwistern durch die Stromerstraße. Ihrer alten Herrschaftsriege hat die Stadt viele Straßen und Plätze gewidmet. Sie erinnern an die Sippen, die Nürnberg zu Wichtigkeit und Wohlstand führten. Die sie in den Zeiten des Niedergangs begleiteten, und die den Lotsenstand der fränkischen Handelsmetropole erst verließen, als die Reichsstadt 1806 an Bayern fiel: die Patrizier. Als Kaufleute zogen sie in die Stadt, im 13. Jahrhundert. Einige hatten schon in der Heimat dem Patriziat angehört, andere hatten ritterlichen Kriegsdienst geleistet und sich damit Grundbesitz verdient. Vom kleinen Mann hinter vorgehaltener Hand als „Pfeffersäcke“ gescholten, nutzten diese Familien Nürnbergs geografische Lage in der Mitte Europas aus: Sie trieben Groß- und Fernhandel, etwa mit Flandern, Südfrankreich, Italien, Böhmen – so erfolgreich, dass sie immens reich wurden. Vermögen, Herkunft, unternehmerisches Geschick: eine Kombination, die auch heute Karrieren zu fördern vermag.

Der Aufstieg glückte, denn als Reichsstadt stand Nürnberg die Selbstverwaltung zu, und dazu brauchte es ein Gremium, den Inneren Rat. Die Familien, die ihn bestückten, nannten sich nach römischem Vorbild Patrizier. Nur sie durften in den oft stundenlangen Sitzungen alle politischen und wirtschaftlichen Entscheidungen treffen, nur sie durften die gesellschaftlichen und geistigen Strömungen lenken. Weiteren Familien war dieses Recht verwehrt, denn ein Statut legte die Zahl der ratsfähigen Familiengeschlechter fest: auf genau 42. Sogar das fremde Königreich Bayern erkannte die „Nobiles Norimbergenses“ an und machte sie nach 1806 fast alle zu Freiherren.

Hans Dietrich Freiherr von Löffelholz

wohnt aus Überzeugung in einem Problemstadtteil

Der Mann, dessen Familie den Katharinenaltar im Westchor der Sebalduskirche um 1460 gestiftet hat, kennt als Migrationsexperte keinen Standesdünkel

So imposant die Vergangenheit auch sein mag: Man gewöhnt sich daran. Hans Dietrich Freiherr von Löffelholz verlor sogar einen der alten Siegelringe der Familie. Als 23-Jähriger badete er in Jugoslawien im Meer und tauchte ohne das Erbstück wieder auf: Die Wellen hatten es geschluckt. Erst Jahre später kaufte er sich einen neuen Siegelring, ließ in dessen blanken Lapislazuli ein Lamm, drei Hüte und die siebenzackige Krone der Freiherren eingravieren – das Familienwappen. Der promovierte Volkswirt, der bei einem Kongress in Berlin wegen seiner Eloquenz als „der Schrecken der Stammtische" angekündigt wurde, ist Referatsleiter beim Bundesamt für Migration und Flüchtlinge in Nürnberg. Aus Überzeugung wohnt er in der Südstadt. Hier ist der Ausländeranteil hoch, die Arbeitslosenquote auch. Zur Arbeit fährt er mit der U-Bahn. Standesdünkel? Die kann er sich bei seinem Fachgebiet nicht leisten.

Seine Vorfahren hielten es damit ganz anders. Wie die anderen Patrizierfamilien pflegten die Löffelholz einen kostspieligen Lebensstil auf ihren Herrensitzen und Schlösschen. Sie kauften außerdem Grundbesitz in Nürnbergs Umgebung auf, teilweise standen ihnen ganze Dörfer zu. In der Mitte des 15. Jahrhunderts waren 39 patrizische Familien Eigentümer von Land, auf dem rund 3000 Bauern lebten. Was die auf den Äckern erwirtschafteten, mussten sie zum Teil abgeben. Ließen sich die Bauern etwas zuschulden kommen, verhängten ihre Grundherren Strafen – das konnten sogar Todesstrafen sein. Um ihre Überlegenheit schon von weitem sichtbar zu machen, gaben sie sich eine eigene Kleiderordnung. Demnach wärmten sich die Patrizierinnen mit Hermelin, hüllten sich in Samt aus Genua, Atlas und Damast. Venezianische Seidenschleier schmückten die golddurchwirkten Hauben. Ihre langhaarigen Männer gingen im scharlachrotem Wams, in Strumpfhosen und eleganten Schnabelschuhen, im Gürtel steckte ein Dolch.

Riesig war der Stolz auf die Familie, er ist es auch heute noch. Daher hatte sich Paul Freiherr von Tucher immer als Tucher gefühlt und stets als Deutscher. Obwohl die Mutter Dänin war, er 1932 in Indien zur Welt kam, dort aufwuchs und viele Jahre in Amerika lebte. Doch es zog den promovierten Theologen wieder nach Mittelfranken, in die nahe gelegene Universitätsstadt Erlangen. Dort hält er hin und wieder Gottesdienste und spricht auf Beerdigungen von Menschen, die zu Lebzeiten aus der Kirche ausgetreten waren. Einmal verheiratete er eine Hindi, „geschieden und im fünften Monat schwanger", mit ihrem neuen Lebensgefährten. Kein anderer Pfarrer in Erlangen habe das tun wollen, sagt der Sohn eines Missionars.
Gäste empfängt der 75-Jährige gerne in Nürnberg, auf dem alten Herrensitz der Familie im Stadtteil Schoppershof. Einst umgeben von Kartoffeläckern, schimmern zwischen den Bäumen im Garten nun hohe Wohnbauten durch. Ein Verwandter hatte hier Aprikosenbäume gepflanzt und müßig mit Weinstöcken experimentiert, die aber nur einen sauren Tropfen lieferten. Mag auch eine U-Bahn-Station auf der anderen Straßenseite liegen: Hier atmet die Luft Tradition und Sicherheit, wie sie nur altes Vermögen und ein sorgfältig gepflegter Stammbaum geben können.
Ein Mann tut sich im 15. Jahrhundert besonders hervor: Lorenz I. Als er starb, vermachte er sein Geld zur Hälfte den Armen, zur Hälfte seinem Familiengeschlecht. Es entstand die Tucherstiftung. Noch heute erfüllt sie ihre Aufgabe: für die Sippe zu sorgen, in Form einer Apanage. Die Männer erhalten sie bis zum Tod, Frauen bis zum 30. Lebensjahr. Bis dahin sollten sie verheiratet – und versorgt –

sein. Patriarchat ist dem Adel eigen. Etwas grollend nennt Rotraut von Stromer die Bevorzugung von Männern den „kleinen Pieps", der dazu geführt habe, dass ihre Söhne vom Adelsverzeichnis ausgeschlossen sind, die ihres Bruders und er selbst aber darin erscheinen.

Die Patrizier liebten Nürnberg. Und der ihnen anvertrauten Stadt ging es gut, sehr gut sogar. Umso mehr schmerzte der Abstieg. Der begann langsam, im späten 16. Jahrhundert. Große Schuldner machten Pleite, alte Handelsprivilegien erloschen, der Kaiser – Nürnbergs Schutzherr – verlor an Macht. Der Dreißigjährige Krieg brachte Hunger, Seuchen, später die Pest. Auch viele Patrizier verarmten. Nur wenigen gelang es wie der Familie Tucher, die alten kaufmännischen Fähigkeiten zu bewahren – ihre gleichnamige Brauerei zählte zu den zehn größten Brauhäusern im einstigen Reichsgebiet. Inzwischen hat sich die Familie aus diesem Geschäft zurückgezogen. Nur noch der Name und das Familienwappen mit dem Mohrenkopf erinnern heute daran, dass Siegmund Freiherr von Tucher das Unternehmen gegründet hat. Solche Sorgen kannte der Landadel nicht. Denn der hatte über das bürgerliche Gewerbe des Handels stets die Nase gerümpft und sich für etwas Besseres gehalten als die Patrizier. Der Stadt war er trotzdem verbunden, so wie die Familie Aufseß: Hans Freiherr von Aufseß gründete hier 1852 das Germanische Nationalmuseum. Sein Nachfahre Christof Freiherr von Aufseß ist Inhaber einer Werbeagentur. Man sage ihm nach, erzählt der 45-Jährige mit leisem Stolz und einiger Zufriedenheit, „dem Hans" ähnlich zu sehen. In seiner Freizeit kümmert er sich um den Schlossbesitz, den die Familie Aufseß in der gleichnamigen Ortschaft in Oberfranken hat; eine anstrengende, teure, schöne Aufgabe. „Ich bin der Überzeugung, dass ich nicht zufällig hier hingeboren wurde."
Denn ein Name kann auch eine Verpflichtung sein. Otto Freiherr von Stromer konnte die Geschichte seines Ahnen, der aus dem Judenpogrom Nutzen zog, niemals vergessen. Als er zum Bürgermeister von Nürnberg gewählt wurde, trieb er den Bau einer Synagoge voran, 1874 eröffnete er sie. „Damit", sagte er, sei „die alte Schuld getilgt." □

Ngoc Nguyen, *geboren in Saigon, kam mit Fünf nach Nürnberg, ist Lokalredakteurin der „Nürnberger Zeitung".*
Jörg Klaus, *Fotograf aus Berlin, faszinierte, wie die Erben der Patrizier in ihrer Geschichte leben.*

Christof Freiherr von Aufseß findet, dass ein großer Name kein Handicap für seine Werbeagentur ist

Stolz auf die Ähnlichkeit mit seinem berühmten Vorfahr Hans, Gründer des Germanischen Nationalmuseums: Christof Freiherr von Aufseß

Kaiser
Paraden, Pannen und Politik

Herrscherbesuche stellten das mittelalterliche Nürnberg auf den Kopf

Von Nadja Bennewitz

Aktion Saubere Stadt
Die Vorbereitungen

Nichts sollte dem Zufall überlassen bleiben, alles penibel geregelt sein. Wenn die deutschen Reichsoberhäupter samt Gefolge Nürnberg besuchten – nach den Bestimmungen der Goldenen Bulle von 1356 war das nach ihrer Wahl zum König ihre Pflicht – erwiesen sich die Mitglieder des Rates als routinierte Eventmanager. Das Talent der Stadtoberen bei der Vorbereitung von königlich-kaiserlichen Großveranstaltungen war weithin anerkannt.

Erste schriftliche Dokumente über die Arbeit des Organisationskomitees stammen von 1414, als König Sigismund in die Stadt einzog. Die Nürnberger waren als Jubler am Straßenrand noch nicht sehr gefragt, vielmehr versuchten die Geistlichen das gekrönte Haupt mit einer Prozession zu beeindrucken und boten dem Herrscher zur Verehrung ihre Reliquien dar.

Erst beim Besuch Friedrichs III. war schon mehr los. Das Protokoll für den Empfang wurde erweitert und präzisiert – die Nürnberger Ratsherren hatten alles im Griff. Scharf waren die Sicherheitsvorkehrungen. Zum einen mussten die Kamine gekehrt werden und in jedem Haushalt ausreichend Löschwasser bereitstehen, zum anderen verstärkte der Nürnberger Rat die Anzahl der Turmwachen und ermahnte sie dringend, ihren Platz unter keinen Umständen zu verlassen. Mitglieder des Großen Rates – immerhin wichtige städtische Persönlichkeiten – sollten den Türmern bei der Wache assistieren: Was die Betroffenen von diesem Bereitschaftsdienst hielten, ist nicht überliefert.

Vor allem aber sollte die Stadt in jeder Beziehung sauber sein. Die Straßen wurden von Unrat gereinigt und mit Gras und Sand bestreut, außerdem die öffentlichen Plätze von „Gesinde" befreit. Als sich abzeichnete, dass der König durch das Spittlertor im Südwesten einreiten würde, war klar: Der Trödelmarkt vor der Jakobskirche, auf dem es mittellosen Frauen erlaubt war, ihren Plunder feilzubieten, musste geräumt werden.

Friedrich III.
Entführt von den Huren

Die Stadt war also bestens gerüstet, und so hätte der erste Besuch Friedrichs III. im Jahr 1442 eigentlich ein Erfolg werden können. Doch der König fand trotzdem etwas zu mäkeln: Die Stallmieten seien zu hoch gewesen, und der Rat habe ihm kein Darlehen bewilligt. Diese Sturheit der Nürnberger rächte sich: Weder wurden ihnen ihre Lehen erneuert, noch bestätigte der König die Stadt als legitime Hüterin der Reichskleinodien.

Beim Reichstag zwei Jahre später wollte man deshalb alles richtig machen: Den Wirten wurden feste Preise für die Stallmieten vorgeschrieben, außerdem wurden die Türme kurzerhand abgesperrt. Denn die Türmer hatten sich beim letzten Besuch trotz aller Ermahnungen nicht gehörig benommen, hatten Frauen zu sich auf die Zinnen geholt und sich mit ihnen betrunken. Diesmal blieben Klagen des Königs aus.

Bei einem weiteren Besuch zog Friedrich III. im Jahr 1471 als Kaiser in die Stadt. Ein besonders aufwändiger Empfang war deshalb Pflicht, als kaisertreue Reichsstadt hatte man schließlich einen Ruf zu verlieren. So ritten dem Hohen Haupt zwei Ratsherren entgegen, und wo die beiden auf den Kaiser treffen sollten, hatte man eigens Steine aufstellen lassen, damit sie nach der huldvollen Begrüßung von dort eleganter aufs Pferd steigen konnten. Doch der markgräfliche Amtmann, von Gemeinheit geritten, hatte die Steine entfernen lassen, da sie in seiner Gemarkung deponiert worden waren.

Durch das Frauentor zog der Kaiser in die Stadt ein, hoch zur Nürnberger Veste, die vorab mit prächtigem Mobiliar bestückt und behaglich ausgestattet worden war. Daran hatte die jüdische Gemeinde keinen geringen Anteil, da es zu ihren Aufgaben zählte, auf eigene Kosten Betten und Bettzeug auf die Burg zu schaffen. Der Kaiser zeigte sich rundum zufrieden, besonders, weil „so vil volckes zu Nürmberg zu komen begirlich war". Dass die Bürgermeister genau wegen dieses vielen „volckes" zu seiner Sicherheit die Nächte im Rathaus statt in ihren eigenen Betten verbrachten, wird den Kaiser kaum interessiert haben. Sie aber hätten, wenn für den Herrscher Gefahr drohte, von dort sofort Bewaffnete zusammenrufen können.

Friedrich gab sich leutselig bei diesem Besuch: In Begleitung zweier Ratsherren machte er einen Erkundungsritt durch die Stadt, inspizierte die Kornhäuser und lobte die Erzeugnisse der

-Fieber

Nürnberger Handwerker, als er deren Werkstätten besichtigte. Ein zumindest für die Nürnberger Bevölkerung unvergessliches Ereignis wurde seine Begegnung mit den Huren der Stadt. Die erlaubten sich nämlich den Spaß, den Kaiser einzufangen, worauf dieser meinte: „wir sind ie nit gern gefangen, wir wollen uns ee auß losen“, was ihm mit einem Gulden auch gelang. Die Stadtknechte ließen die Huren gewähren, möglicherweise, weil das Volk die unvorhergesehene Begegnung mit den Prostituierten als Zeichen von Glück und Fruchtbarkeit empfand.

Nach Friedrichs Abreise mussten die Nürnberger Ratsherren allerdings feststellen, dass Kaiserbesuche sehr anstrengend waren, viel kosteten, aber wenig einbrachten. Eine erhoffte Unterstützung gegen den Erzfeind der Nürnberger, den Ansbacher Markgrafen, hatte ihnen der Kaiser nämlich nicht zugesagt.

Maximilian I.
Übernachtung privat

Mit Friedrichs Sohn Maximilian I. verstanden sich die Nürnberger besonders gut. Sie rechneten es dem Herrscher bei seinem Besuch im Jahr 1489 hoch an, dass er die Ratsherren nicht zu Fuß neben ihm gehen ließ. Hoch zu Ross sollten auch sie in ihre Stadt einziehen.

Maximilian war ein gern gesehener Gast. Einmal veranstaltete er einen geselligen Abend und lud dazu zwanzig ehrbare Frauen ein. Da sie sich nicht trauten, den Herrscher zum Tanz zu bitten, übernahm der Markgraf stellvertretend diese Aufgabe. Der König kam der Bitte nach, man zog um ins benachbarte Rathaus und schickte „nach mer frawen, das der künig den obent hie plaib“. Tatsächlich: Dank der Tanz- und Überredungskunst der Nürnbergerinnen verschob der König seine Abfahrt um eine Nacht.

Maximilian wohnte bei seinen Nürnberger Aufenthalten mit Vorliebe in Privathäusern, die um 1500 bereits äußerst bequem und behaglich waren. Doch bei manch anderem Gast konnte eine solche Ehre ziemlich lästig werden. Über den monatelangen Besuch der luxemburgischen Herzogin Elisabeth von Görlitz im Haus der Familie Tucher heißt es in den Familienaufzeichnungen: „und Tucher stundt in grossen sorgen umb sein guth.“

Karl V.
Kirchgang verweigert

Als Nürnberg 1525 offiziell Luthers Glauben angenommen hatte, war absehbar, dass dies eine Entzweiung mit dem Kaiser zur Folge haben würde. Tatsächlich ließ sich Karl V. zunächst vergeblich bitten, Nürnberg einen Besuch abzustatten. Seine Antwort: „so wer ir Kay.[serliche] M[ajestä]t. diser zeit nit gelegen, irn weg nach Nurmberg zu nehmen.“

Erst 1541 ließ sich der Kaiser dazu herab. Und wie immer stand die Stadt in der Vorbereitungszeit Kopf, vor allem weil es um heikle religionspolitische Fragen ging. Die Prediger wurden verwarnt, sich „des schmehens uff der cantzel zu enthalten“, und die Wirte ermahnt, den „altgläubigen“ Gästen am Freitag kein Fleisch aufzunötigen. Die Ratsherren ließen feststellen, wie viele Betten und Zimmer in den Gasthäusern frei wären, doch weil die Wirte bei früheren Kaiserbesuchen schlechte Erfahrungen mit ihren Gästen gemacht hatten, gaben sie falsche Zahlen an, um sich vor den Einquartierungen zu drücken. Als absehbar war, dass die Herbergsplätze ohnehin nicht ausreichen würden, verpflichtete man alle Bürgerhäuser von der Burg bis zum Markt hinunter Gäste aufzunehmen – ausgenommen die der Stadtoberen.

Für den Einzug des Kaisers hatte man vor der Stadtmauer eine Truppenparade mit Reitern, Fußvolk und Geschütz geplant, disponierte dann aber um: Angesichts der angespannten kirchenpolitischen Lage konnte ein solcher Empfang als militärisches Muskelspiel interpretiert werden. So beschränkte man sich darauf, die männliche Bürgerschaft in der Stadt zum Spalier aufzustellen. Die Männer mussten sich einheitlich (auf eigene Kosten!) einkleiden: roter Rock, schwarze Hose, großer schwarzer Hut.

Wie seit Jahrzehnten üblich, wollte man den kaiserlichen Einzug mit einem Gottesdienst in der Sebalduskirche begehen. Eigens ließ man den Kirchenraum mit kostbaren Wandbehängen ausschmücken. Doch es war hinausge-

Feuerwerk mit Todesopfer

Als Kaiserbesuche lästig wurden

worfenes Geld: Nachdem der Rat eine Messe nach katholischem Ritus ablehnte, verzichtete der Kaiser auf einen Kirchenbesuch.

Ärmer geworden um die religiösen Rituale zu Ehren des Gastes – keine Prozession, keine Reliquienverehrung, kein Gottesdienst – hatte sich der Rat imposante weltliche Elemente ausgedacht. Erstmals wurde unterhalb der Burg eine Ehrenpforte aufgestellt, die in der Mitte eine große Durchfahrt und rechts und links jeweils ein kleines Portal für das Fußvolk hatte. Über der Durchfahrt befand sich eine Empore für Stadtpfeifer und Musikanten. Der Clou: Ein doppelköpfiger Adler aus Bronze bekrönte das Portal. Er konnte, von Seilen bewegt, mit den Flügeln schlagen, sich verneigen und drehen.

Nachdem der Herrscher die Stadt wieder verlassen hatte, zog der Rat positive Bilanz. Die Zeremonien waren reibungslos über die Bühne gegangen, und die Gäste waren mit ihrer Unterbringung zufrieden. In der Religionsfrage hatte der Rat deutlich machen können, lutherisch geworden und gleichzeitig kaisertreu geblieben zu sein. Freilich: Das Ansehen des Kaisers hatte man sich auch diesmal teuer erkaufen müssen.

Matthias

Außer Spesen nichts gewesen

Die späteren Herrscherbesuche verkamen immer mehr zu historischen Schauspielen. Sie verschlangen Unsummen an Geld, das Nürnberg schon lange nicht mehr besaß und waren eher peinlich als prunkvoll. Ein Beispiel: der von ausgewählten Ratsherren getragene Himmel, unter dem der Kaiser in die Stadt einreiten sollte. Mal scheute das kaiserliche Pferd und preschte vorwärts, so dass die Ratsherren alle Mühe hatten hinterher zu kommen, mal brach eine der Tragestangen und musste durch einen Bratspieß ersetzt werden.

Kaiser Matthias lehnte es bei seinem Besuch im Jahr 1612 ab, unter dem Himmel einzureiten. Seine Majestät habe damit schon in Würzburg schlechte Erfahrungen gemacht. Dort war ebenfalls ein Stab gebrochen, und Kaiser samt Gemahlin waren unter dem Himmel begraben worden.

Die Pannenserie riss nicht ab. Das Feuerwerk zu Ehren des Kaisers geriet außer Kontrolle, eine Magd wurde durch ein herabfallendes Teil tödlich verletzt. Kaiser Matthias, der von einem Burgfenster aus zugesehen hatte, ließ das Spektakel abbrechen.

Nach der Abreise der kaiserlichen Familie war die Erleichterung in der Stadt groß. Von Kaiserbesuchen hatten alle erst einmal genug, denn die Unkosten von 21358 Gulden standen in keinem Verhältnis zum politischen Nutzen. Als das Gerücht aufkam, schon ein Jahr später solle ein Reichstag in Nürnberg abgehalten werden, setzte der Rat sein gesamtes diplomatisches Geschick ein, das Ereignis auf Regensburg abzuwälzen – mit Erfolg: Schließlich war Nürnberg berühmt für sein Organisationstalent! □

Nadja Bennewitz, *ist selbstständige Historikerin mit den Schwerpunkten Frauen- und Geschlechterforschung. 1998 bekam sie den Frauenförderpreis der Stadt Nürnberg.*

MERIAN | INFO

Mit seiner Burg hoch über der städtischen Siedlung war Nürnberg buchstäblich eine Hochburg mittelalterlicher Königs- und Kaiserbesuche. Ab **1050**, der ersten urkundlichen Erwähnung Nürnbergs, bis **1571** besuchten alle Herrscher die Stadt, hielten auf der Burg Hof- und Reichstage ab und feierten rauschende Feste mit der patrizischen Führungsriege. 77 Mal weilten die Herrscher aus dem Geschlecht der Staufer in Nürnberg und bauten bis Mitte des 13. Jahrhunderts die Kaiserpfalz auf dem Sandsteinfelsen zu einer repräsentativen Stätte höfischen Lebens aus. **Ludwig der Bayer** (1314-1347) schlug schließlich alle Rekorde: In 33 Regierungsjahren stattete er Nürnberg 74 Besuche ab. Verfassungspolitische Bedeutung erhielt die Stadt durch die Bestimmungen in der Goldenen Bulle, die **Karl IV. 1356** auf dem Hoftag in Nürnberg erließ. Darin wurde festgelegt, dass der König von den sieben Kurfürsten in Frankfurt gewählt und anschließend in Aachen gekrönt werden sollte. Seine erste Reichsversammlung hatte der neue König in Nürnberg abzuhalten. Die Stadt profitierte von dieser Bevorzugung als Tagungsort: Eine wirtschaftliche Förderung durch Privilegien für Zoll und Handel und die Erringung städtischer Unabhängigkeit waren die Folge der Herrscherbesuche. Dass Nürnberg **1423** von **König Sigismund** (1410-1437) auch noch zur Hüterin der Reichskleinodien erkoren wurde, machte eine beinahe sakrale Verbundenheit zwischen Nürnberg, Kaiser und Reich perfekt. Die Stadt hatte sich nicht nur wegen ihrer Kaisertreue zu einem beliebten Versammlungsort für Reichstage entwickelt, sondern auch wegen des allseits anerkannten **Organisationstalents des Rates**. Eine Großveranstaltung wie der Besuch eines Herrschers bedurfte gewissenhafter Planung. Und darauf verstand man sich in Nürnberg meisterhaft.

Vom Dorf Leutenbach führt der Weg der Reiterin im Keltenkostüm auf den Walberla, wo vor 2500 Jahren schon Kelten siedelten

Ein Land für Leib und Seele

Die Fränkische Schweiz ist Balsam fürs Gemüt. Sagen die Romantiker. Aber auch Gourmets und Genießer dürfen sich hier zu Hause fühlen

Text: Christian Sywottek, Fotos: Arthur F. Selbach

Bothos Bau beherrscht Pottenstein

Die 1000-jährige Burg ist die älteste der Fränkischen Schweiz. Früher beherbergte sie Raubritter, heute haben die Freiherren von Wintzingerode hier ein bewohntes Museum eingerichtet

Zum guten Brauch geht's auf die Straße

Effeltrich ist berühmt für die Kirchenburg und sein Brauchtum: Beim „Georgi-Ritt" prozessiert man zu Ross, Fronleichnam zu Fuß durch den Ort. Beim „Fosaleggen" wird zu Fasching der Winter vertrieben

Vergangene Zeiten werden wieder wach

Vom Wallfahrtsort Gößweinstein strecken sich Maibaum und Rundturm der Burg in den Himmel. Dass die Gemäuer Richard Wagner als Vorbild für die Gralsburg dienten, ist ein hartnäckig erhaltenes Gerücht

Geborgen in der Tracht, versunken im Gebetbuch – eine Gläubige bei der Fronleichnamsprozession in Effeltrich

Land der Höhlen und Höhen

Vor der Oswaldhöhle bei Muggendorf, durch die ein Wanderweg führt, geht der Blick übers Wiesenttal – mitunter befahren von Kanuwanderern und einer Museumseisenbahn

Burg Neideck war Stammsitz der Schlüsselberger. Heute ist die Ruine Wahrzeichen der Fränkischen Schweiz

Wie die Fränkische Schweiz schmeckt? Wer das herausfinden will, muss sie zimmerwarm zu sich nehmen. Zunächst beißt sie ein wenig im Mund, nimmt den Atem. Dann befruchtet sie den Gaumen, wird mehr und mehr, erzeugt Wohlbehagen im Gehirn. Beim Herunterschlucken dreht sie noch einmal kurz auf, bevor sie im Magen verschwindet und ein Echo aus Frische hinterlässt.

„Man muss ein harmonisches Spiel erreichen", sagt Johannes Haas, Obstbrenner in Pretzfeld am Westrand der Fränkischen Schweiz. Er füllt sein Land in Flaschen. Es schmeckt nach Eierpflaume und Feldzwetschge, nach Gute-Luise-Birne und Gravensteiner Apfel. Alte Sorten mit einer kräftigen Aromatik, meint Haas, die so gut wachsen auf den sanften, wiesengrünen Hängen aus Lehmboden, auf dem sich das Wasser lange hält. „Wir leben ja im Überfluss hier", sagt Johannes Haas, „und verarbeiten das Obst an Ort und Stelle. So können wir die Früchte am Baum lassen, bis sie wirklich vollreif sind."

Eine Schatzkammer ist die Fränkische Schweiz, vor allem hier im Westen. Rund 300 kleine Brennereien destillieren Früchte zu Schnaps. Im Frühling färben die blühenden Kirschbäume das Land weiß, später biegen sich Äste unter Äpfeln und Birnen. Die Sonne pumpt Süße in die Früchte, Stare toben durch die duftige Luft. Ein Schlaraffenland. Und die Brenner haben ihren Anteil daran. Johannes Haas kümmert sich um 6000 Bäume, und so wie er pflegen viele Landbesitzer ihre alten Sorten. „Brennen sichert Artenvielfalt", sagt Haas, „und hier kann man überall für wenig Geld gut leben. Gute Lebensmittel gibt's doch bei jedem Bauern."

Die Fränkische Schweiz ist ein Land für den Leib. Und für die Seele. Eingeklemmt zwischen Erlangen, Bamberg und Bayreuth versetzt es den Reisenden in immer neue Schwingungen. Er verliert sich an gurgelnden Bächen, fühlt sich frei auf samtgrünen Hochebenen voll handtuchgroßer Wiesen und Felder, spürt die Macht der Wälder in spitzen Tälern und auf Hügeln, die sich wie eine Herde buckliger Tiere über die Landschaft wälzen. Er ängstigt sich vor den Höhlen im Karst, wenn er an ihren Eingängen den neun Grad kalten Hauch aus der Tiefe ins Gesicht kriegt. Und es verführt ihn zum Phantasieren, traut er sich schließlich doch hinein in ihre Innenwelt aus Tropfsteinen und geriffelten Sinterflächen. Graumächtige Felsen bringen ihn ins Schwitzen, wenn er auf sie hinaufklettert, und sie bringen ihn mitunter zum Lachen, wenn sie sich in der Nacht einem schartigen Gebiss gleich vom Mondlicht abheben. „Das Rauschen eines Waldes, ein Bach, der vom Felsen fließt, eine Klippe, die im Tal aufspringt – es kann mich in einen Taumel versetzen, der fast an Wahnsinn grenzt", schrieb Ludwig Tieck von seiner Pfingstreise 1793. Gut, Tieck war ein Student aus Berlin mit einem ausgeprägten Hang zur romantischen Schwärmerei. Aber ganz falsch lag er nicht – nicht umsonst lockt die Fränkische Schweiz seitdem Reisende auf immer neue Seelenwanderungen.

Viel Platz gibt es dafür, in diesem Land, wo heute nicht mehr Menschen leben als vor über 100 Jahren, an Straßen, die den Reisenden mit bis zu 19 Grad Steigung in den Himmel katapultieren oder in die Tiefe reißen. Wo überfahrene Hasen lange füllig auf dem Asphalt liegen bleiben, weil es außer gigantische Grashaufen ziehenden Traktoren kaum Verkehr gibt. Wo das „Schafkopfrennen in Hundsboden, langes Blatt mit Solo und Wenz, nur Pluspunkte" ein Ereignis ist, das an Bushaltestellen angeschlagen wird. Wo rollende Händler die Dörfler aus Lieferwagen mit Brot, Fleisch und Putztüchern versorgen.

Es ist ein Land, in dem man sich noch Zeit nimmt für die guten Sachen, auch wenn man längst tagsüber „auf Arbeit" in die Städte pendelt. Otto Hack fließt am Samstagmorgen um neun Uhr der Schweiß von der Halbglatze ins Gesicht, sein Hemd ist nass. Mit einer gut drei Meter langen Holzschaufel schiebt er 1,5 Zentner Roggenbrot als 2-Kilogramm-Laibe in den 240 Grad heißen, garagengroßen Gemeindebackofen von Pretzfeld, gleich neben der gurgelnden Trubach. Dicht an dicht liegen die Brote im Holzofen und bilden eine flirrende Kopfsteinpflasterstraße. „Die Kunst ist, dass das Brot nur nach oben aufgeht", sagt Hack, „sonst klebt's. Wir machen das jede Woche. Und wenn wir fertig sind, kommen gleich die nächsten Leute." Hack schwört auf sein Brot, das er in zwei Stunden herausholen wird, um es dann an Brüder, Schwestern und Freunde zu verteilen. „Selbst wenn man es auftaut, riecht es wunderbar. Und dann ordentlich Wurst drauf."

Ein alter Backofen irgendwo auf dem Dorf – das könnte man schnell als Folklore abtun. Doch solche Öfen gibt es noch oft in der Fränkischen Schweiz, und sie werden benutzt. Das passt zum Land. Kleinteilig ist es, der

In den properen Gutshöfen von Mittelehrenbach sind Obstbauern zu Hause – und Schnapsbrenner

Blick reicht meist nur bis zur nahen Flussbiegung, bis zum nächsten Fels, dem angrenzenden Waldstreifen. Daraus folgt nicht, dass die Leute ein wenig beschränkt sind. Im Gegenteil. Sie besinnen sich auf das, was sie haben. Sie wissen das Gute zu schätzen.

„Bis vor zwanzig Jahren waren wir nur Fußvolk", sagt Georg Meister, „aber seitdem entdecken die Leute wieder ihre Region." Meister ist Braumeister in Unterzaunsbach, einer von gut 250 Kleinbrauern in der Fränkischen Schweiz. „Hier gibt's alle fünf Kilometer ein anderes Bier." Er kann sich nicht erklären, warum sich das gehalten hat. Es ist ihm auch nicht wichtig. Er macht sein Ding, ein dunkles Vollbier, nicht zu süß, 4000 Hektoliter pro Jahr. Er verkauft sein Bier im eigenen Gasthof, aber auch andere Wirte zapfen ihn an. Meister sagt nur: „Ich will etwas machen, was man guten Gewissens trinken kann. Und das Wasser in der Fränkischen Schweiz ist recht hart, das passt für dunkles Bier." Trotzdem mache jedes Wasser ein anderes Bier. Meister hat seine eigene Quelle. Und eine Sieben-Tage-Woche. Bier einer Großbrauerei auszuschenken – das wäre Verrat. Die Meisters brauen schließlich seit 1865.

Reich an Geld waren die Leute hier nie. Nicht anno dunnemals, und auch nicht zu Zeiten, als die Fränkische Schweiz Zonenrandgebiet war. Damals kamen vor allem Westberliner, die Erholung suchten auf diesem von den Flüsschen Wiesent und Püttlach geteilten Flecken dicht hinter der Grenze zur DDR. Heute sind es zumeist Leute aus den Städten dichtbei, die hier finden können, was sie im Alltag längst verloren haben: Ruhe.

Diese Ruhe liegt nicht bleischwer auf dem Land. Sie ist leicht und öffnet die Sinne. Wer das erfahren will, muss zu Fuß gehen oder wenigstens aussteigen. Dann knattert und zirpt es aus den Wiesen, knistern die trocknenden Graswürste auf den Höhen unter den Füßen der Krähen. Dann rascheln Laubbäume dumpf im Wind, während Fichten aufgeregt klirren. Kiesel rollen die Felsen hinab, Wasser tropft. Kornfelder riechen nach Brot – aber da spielt einem vielleicht schon die Fantasie einen Streich.

Es ist diese Ruhe, die auch die Jungen in ihren Dörfern hält. Die Alten wissen ohnehin, was sie an der Fränkischen Schweiz haben. „Man hört die Vögel, und die Kinder kann man laufen lassen", sagt Gerda Rackelmann. Die 70-Jährige sitzt am wachstuchbezogenen Tisch vor ihrem Haus in Hundshaupten. Wache blaue Augen, schicke graue Haare. Gerda Rackelmann stammt aus Hetzelsdorf nebenan, seit 1964 lebt sie in Hundshaupten, diesem Dorf mit seinen 120 Einwohnern unten in einer baumumkränzten Bodenwelle, wo die Pfingstrosen üppig blühen und sich Wiesen voller Pusteblumen die Hänge hochziehen. Am Abend färbt die Sonne das Land violett, und in den Kirschbäumen blinkt es golden. Es duftet nach Erde, Mist, Früchten und Nässe, auf den Schotterstraßen reden Männer in Unterhemden mit Frauen in Kittelschürzen. „Nein", sagt Frau Rackelmann, einsam sei es hier nicht. „Auf unsere Nachbarn kann man Häuser bauen. Und einmal im Monat ist Frauenkreis mit Kuchen." Im Gemeindehaus, das der Feuerwehrverein renoviert hat. Und noch immer steuert Gerda Rackelmann ihren Traktor die Hänge hoch an Kirschbäumen und braunohrigen Ziegen vorbei zu den Feldern, wo Weizen wächst für die kleine Brennerei ihres Sohnes Georg, und Gerste für die drei Schweine, die sich in ihrem Stall herumsuhlen. Zwei werden verkauft, eines verwurstet – so ist das noch auf vielen Höfen.

Arbeiten, die Natur genießen, gut essen – das ist der fränkischschweizerische Dreiklang. Dicht an dicht reihen sich die Gasthäuser – nicht selten schlachtet der Wirt noch selbst. Er hat vor allem Schwein. „Der Mensch muss alles essen", sagt Hans Richter vom gleichnamigen Gasthof in Hagenbach, „und es gibt nichts vom Tier, was der Franke nicht isst." Weiße Latzhose, weiße Gummistiefel – so steht er in seiner Metzgerei, umgeben von Schwein. Nieren und Herzen in roten Bottichen, Ohren in einer Blechwanne, Schwarten in Netzen, in einer Schüssel wässern Därme. Morgens ab 5 Uhr hat er Presssack gemacht, aus Fleisch, Schwarte und Blut. „Man muss mit Fingerspitzengefühl wursten", sagt Richter. Auf dem Herd simmert Kochfleisch – Zunge, Herz und Kopffleisch verströmen mächtig-verführerischen Geruch. „Mit Diätsachen kann man den Leuten hier nicht kommen. Die Leute wollen viel und gut." Am besten gehen Schweinebauch und „Schäufele", ein Schulterstück, am Knochen gegart. Deshalb grunzen zwanzig eigene, speckige Schweine nebenan im Stall, von seinem Cousin, der Züchter ist. Sie geben eine gute Kruste ab, haben sie doch mindestens einen Zentimeter schieres Fett unter der Haut. „Ein gutes Fleisch", spricht Richter, „dunkel, nicht zu feucht, nicht zu mager. Das Fett trägt schließlich den Geschmack. Das ist schon eine Kunst, so ein Schwein."

Hans Richter schlachtet in sechster Generation. Sein Vater zog noch über die Bauernhöfe und ließ dort Tiere ihr Leben aushauchen. Sohn Hans ist das zuviel geworden. Das Tierleben wird ohnehin ärmer. Nurmehr selten glotzt eine Kuh aus den Ställen direkt am Dorfplatz. Auch Schafe hält kaum noch jemand.

Mit den Tieren verliert die Fränkische Schweiz ihre Rasenmäher. So verändert sich schleichend die Landschaft, in den Tälern und auf den Karsthöhen, wo aus einer oft nur handtiefen Erdschicht hohes Grünzeug sprießt. Früher fraßen das die Viecher, zudem gab es mehr Felder. „Nun aber wachsen wir langsam zu", sagt Hanna Failner vom Failnershof, hoch oben über dem Weiler Püttlach. Bis vor zehn Jahren hatten die Failners noch Kühe, die sie die Hänge hochjagten, Schafe gehörten zu fast jedem Haushalt. Jetzt lässt die Gemeinde vor ihren Augen Heidschnucken grasen, um den schlimmsten Wildwuchs zu kürzen. „Aber wenn der Schäfer aufhört, haben wir hier in zehn Jahren Urwald", schätzt Hanna Failner. „Dann ist die Fränkische Schweiz vielleicht nicht mehr zu sehen." Das sehen zumindest auch die Stadtvorderen in Pottenstein ähnlich. Tief unten im Tal, wo sich die Püttlach in die grauen Felsen schneidet. Sie haben Bäume gefällt, damit der Fels wieder sichtbar wird. „Früher", sagt Hanna Failner, „da waren die Felsen hier wie geleckt."

Fragt sich, was schöner ist. „Franken ist wie ein Zauberschrank; immer neue Schubfächer thun sich auf und zeigen bunte, glänzende Kleinodien, und das hat kein Ende." Was der Dichter Karl Immermann während seiner „Fränkischen Reise" im Herbst 1837 in Muggendorf notierte, hat bis heute Gültigkeit. Die Natur breitet sich so üppig aus wie die Mahlzeiten auf den Tellern der Gasthäuser. Der Vorteil: Man kann sich nicht überfressen. Nie ist das Land gleich. Es macht den Reisenden klein, wenn er sich über Buckelpisten die Hänge heraufquält etwa nach Regensberg, wo er für seine Mühe mit einem Blick übers Weingartstal belohnt wird, der schier kein Ende nehmen will und das Tal wie eine Spielzeuglandschaft erscheinen lässt. Nur der Himmel und die Vögel schaffen es noch weiter nach oben, doch wenn sie mit Einbruch der Nacht verstummen, ist einzig der eigene Atem zu hören. Und es nimmt den Reisenden in seinen Schoß, etwa im schmalen Tal der Aufseß, wo der Frühnebel aus hüfthohen Wiesen voller Schafgarbe steigt. Wo Silberpappeln Wasser saufen, Bienen summen und der Wind sanft übers Gesicht streicht. Wo man sich gern fallen lässt ins Grün und den herben Geruch in sich saugt. Und irgendwann, gewollt oder nicht, den Romantiker in sich entdeckt. □

Jahrmarkt hoch überm Land: das Walberlafest auf dem Ehrenbürg Anfang Mai

Christian Sywottek *ist gelernter Bootsbauer, lebt in Köln und liebt den journalistischen Reiz „stiller Ecken".* **Arthur F. Selbach,** *Fotograf aus Hamburg, entdeckte die Fränkische Schweiz als ein Land zum Wohlfühlen.*

Stolz vor Kupferkesseln: Obstbrenner Haas aus Pretzfeld mit Familie

Hans Richter: Im Arm ein Schinken namens „Zwetschgenbames“

MERIAN | TIPP Fränkische Schweiz

ESSEN
Fleisch, heiß und kalt, fränkisch gut.
Gasthof und Metzgerei Richter Pretzfeld
Hagenbach 23
Tel. (091 94) 262
Di-Do 11-14, Fr-So 11-21 Uhr, Mo geschl.

TRINKEN
Destillate aus Früchten der Region.
Edeldestillation Haas
Pretzfeld
Schmiedsgasse 2
Tel. (091 94) 12 56
Mo-Fr 9-18 Uhr
Sa 9-14 Uhr
www.destillerie-haas.de
Die Kleinbrennerei/ Georg Rackelmann
Hundshaupten bei Egloffstein
Tel. (091 97) 88 85
vorher anrufen

BIER
Dunkel, aber nicht zu süß: das Bier im Gasthof der **Brauerei Meister** Unterzaunsbach, Tel. (091 94) 91 26, Di Ruhetag
Kräftig, in großem, schattigen Biergarten genossen: **Kathi Bräu** Heckenhof bei Aufseß, Tel. (09198) 277, kein Ruhetag
Alles auf einmal: **„auf den Kellern“** in Forchheim. Im Wald am Stadtrand öffnen diverse Kleinbrauereien ihre Fässer, ein Biergartenland. Profis nehmen Holzdeckel für die Bierkrüge mit wegen der Wespen im Spätsommer und der Würmer, die im Mai ab und an von den Bäumen fallen.

ÜBERNACHTEN
Unprätentiös und unkompliziert, mit schönem Blick übers Wiesenttal und der schönsten Biergartenlinde: Gasthof Pension Kohlmannsgarten Muggendorf (Gemeinde Wiesenttal), Lindenberg 2
Tel. (09196) 201
DZ ab 38 €
Herzliche Gastfreundschaft, selbstgemachte Wurst zum Frühstück, in einem wirklich schönen Weiler:
Ferienwohnung Gerda Rackelmann
Hundshaupten 2
bei Egloffstein
Tel. (091 97) 452

ANGUCKEN
Höhlen
Groß, voller Tropfsteine, touristisch:
Teufelshöhle, an der B 470 bei Pottenstein
Tel. (092 43) 208
www.teufelshoehle.de
Apr.-Okt. tgl. 9-17, sonst Di, Sa
So 10-15 Uhr; 3,80 €
Klein, aber schon im Eingangsbereich richtig unheimlich, naturbelassen und selten besucht:
Esperhöhle, auf der Wanderroute zwischen Burggaillenreuth und Leutzdorf. Wegen der Fledermäuse Besuchsverbot von Oktober bis April. Wichtig: Nicht ohne Führer ins Innere vordringen!
Täler
Fluffige Wiesen, Duft und kleine Tiere: **Aufseßtal, Thostal, Püttlachtal.** Auto auf kleinen Parkplätzen abstellen, loswandern und fallen lassen.
Felsen
Tonnenschwere, zimmergroße, bemooste Brocken dicht an dicht in einem lieblichen Wald; angeblich haben schon die alten Kelten hier gefeiert – das ist der **Druidenhain bei Wohlmannsgesees.** Wegweiser an der Überlandstraße.

GESCHICHTE
Fränkische-Schweiz-Museum, Tüchersfeld bei Pottenstein,
Tel. (092 42) 16 40
www.fsmt.de

BÜCHER
Fränkische Schweiz/ Bamberg/Bayreuth. Michael Müller 2006; 15,90 €

Höllhuber/Kaul: **Fränkische Schweiz – Ein Wanderführer für Biertrinker.** Hans Carl 2004; 12,90 €

www.fraenkische-schweiz.com

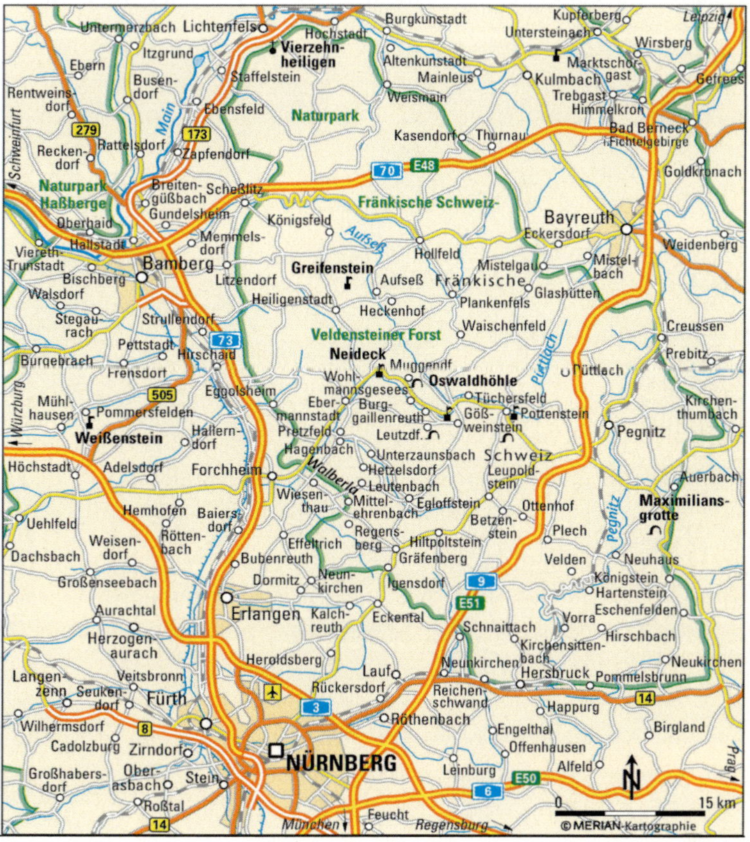

WERDEN SIE JETZT MERIAN-ABONNENT!

GRATIS ZUR WAHL!

MERIAN-Reise-Trolley
Ein hochwertiger Trolley in exklusivem Design mit leise laufenden Rollen und einer aufwändigen Innenausstattung

MERIAN-Konferenzmappe
Der praktische Begleiter für Beruf oder Studium. Die Mappe zeichnet sich aus durch folgende Qualitätsmerkmale: hochwertiges dunkelblaues Rindsleder. Blanko-Schreibblock (50 Blatt), silberner, handlicher Kugelschreiber, Karten- und Netzsteckfach. Format: 25 x 32 cm

MERIAN-Reisewecker
Zeitloser analoger Reisewecker mit integrierter Sekunden- und Weckzeitanzeige, verchromtem Metallgehäuse und dunkelblauer Lederhülle. Alarm- und Schlummerfunktion

MERIAN | live! | classic | guide | kompass | scout

WEITERE GESCHENKE UNTER WWW.MERIAN.DE

Ausführung **„Lederoptik“**
mit Goldprägung
für 24,90 Euro

Ausführung **„Acryl“**
modern und zeitlos
für 19,90 Euro

Ausführung **„Leinen“**
mit historischem
Stadtmotiv für 12,90 Euro

FREUEN SIE SICH AUF...

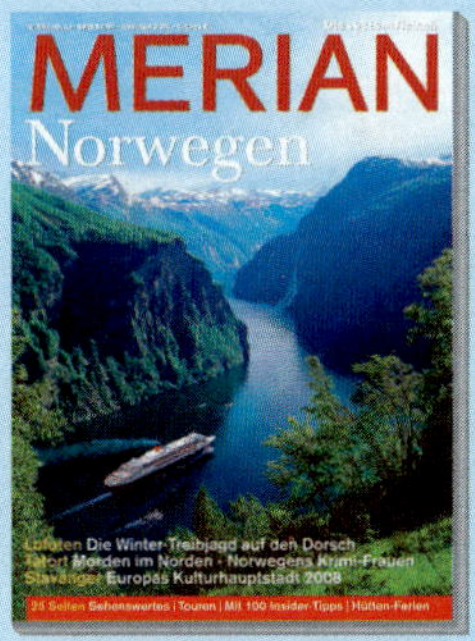

OKTOBER 2007

NOVEMBER 2007

DEZEMBER 2007

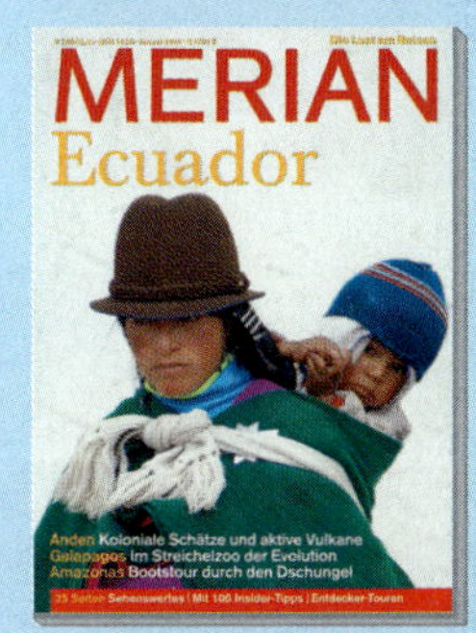

JANUAR 2008

FEBRUAR 2008

MÄRZ 2008

Ihr persönliches MERIAN-Archiv! Archivieren Sie Ihre MERIAN-Sammlung stilvoll und sicher in den exklusiven MERIAN-Sammelschubern. Jeder Schuber bietet Platz für 12 MERIAN-Ausgaben.

Nur für Abonnenten: der Premium-Bereich von merian.de

- mehr Informationen zu Ihren Reisezielen
- topaktuelle und nicht veröffentlichte Reiseberichte
- Shopping-Tipps und weiterführende Informationen auf einen Blick
- über 5000 Reiseziele weltweit

Unser exklusiver Service GRATIS für MERIAN-Abonnenten

Ihre Bibliothek des Reisens
Abonnieren Sie MERIAN jetzt und Sie erhalten mit den kommenden 12 Ausgaben die Welt von MERIAN frei Haus. Monat für Monat vervollständigt jedes Heft Ihre Bibliothek der Länder, Regionen und Städte.

MERIAN
Die Lust am Reisen

Architekt Günther Domenig bohrte einen Pfahl 130 Meter lang durch den Nordflügel der massigen Kongresshalle

Zeitreise ins Unfassbare

Große Formate: Kongresshalle und Reichsparteitagsgelände mit der 60 Meter breiten „Großen Straße“

Text: Siegfried Zelnhefer
Fotos: Jens Rötzsch

Nürnberg war die Stadt der Rassegesetze und Reichsparteitage. Im Nordflügel der Nazi-Kongresshalle erschließt seit 2001 das „Dokumentationszentrum Reichsparteitagsgelände“ vor allem jungen Menschen den schuldbeladenen Teil der deutschen Vergangenheit

In Nürnberg sitzt der Makel tief: „Stadt der Reichsparteitage", Wirkungsstätte des Judenhassers Julius Streicher, Ort der Verkündung der NS-Rassengesetze im Jahr 1935. Wenn US-Touristen sich weniger für die Schönheiten der Altstadt interessieren, sondern vor allem die Frage beantwortet wissen wollen: „Where stood the Führer?", ist klar, womit Nürnberg nach wie vor verbunden wird, besonders im Ausland. Doch die Stadt hat ihre außergewöhnliche Geschichte des 20. Jahrhunderts angenommen. Sie geht offen, ja offensiv mit den „tausend Jahren" zwischen 1933 und 1945 um. Sichtbarer Ausdruck sind das am 4. November 2001 eröffnete Dokumentationszentrum Reichsparteitagsgelände im Torso der ehemaligen NS-Kongresshalle und das im Mai 2006 installierte Geländeinformationssystem. Nürnberg stellt sich der Geschichte – und schafft Möglichkeiten, dass dies auch andere tun können. Über eine Million Menschen haben das Dokuzentrum bereits besucht und in der Dauerausstellung „Faszination und Gewalt" die Mechanismen, die Rituale und die Wirkung der NS-Reichsparteitage studiert.

Zehn Mal veranstaltete die NSDAP in den 20er und 30er Jahren Reichsparteitage. In der „Kampfzeit" fand der erste 1923 in München (dem Ursprung der „Bewegung"), der zweite 1926 in Weimar statt. 1927 und 1929 folgten in Nürnberg, der „roten Arbeiterstadt", die nächsten Treffen dieser Art. Vor allem praktische Gründe spielten für die Wahl eine Rolle, unter anderem: Die zentral gelegene Stadt war gut mit der Reichsbahn – dem einzigen Massenverkehrsmittel jener Zeit – erreichbar. Der zentrumsnahe Luitpoldhain – seit der Landesausstellung 1906 ein Park – bot eine Freifläche für große Versammlungen. Erst später stellten Hitlers PR-Strategen die reiche Vergangenheit der Stadt in den Dienst der Partei, schlugen einen vermeintlichen Traditionsbogen von der „Stadt der Reichstage" (s. S. 64) zur „Stadt der Reichsparteitage". 1933 bestimmte Hitler Nürnberg zur „Stadt der Reichsparteitage". Bis

Über eine Treppe gelangen die Besucher zur Ausstellung. Sie durchlaufen dort 14 Räume, in denen Text- und Bildtafeln sowie Filme die Nazi-Zeit dokumentieren: die Anfänge der NSDAP als Sektierer-Clique, Machtergreifung, Führerkult, Rassismus, Antisemitismus, millionenfachen Mord, Krieg und den totalen Untergang eines totalitären Systems

Begegnungen mit dem Bösen

Bilder schauen, lesen und über Scherben des „Tausendjährigen Reiches" gehen – die Schrecken werden lebendig. Der Kleine hat mit paramilitärischer Jugendverführung nichts an der Kappe

Tausend Jahre wie ein Spuk

1938 gingen alljährlich Anfang September die Massenversammlungen über die braune Bühne. Die vormals reinen Parteifeiern rückten in den Rang von Staatsakten, und sie bekamen Namen: „Parteitag des Sieges" (1933), „Parteitag der Ehre" (1936) oder „Parteitag Großdeutschlands" (1938).

Nur um diese von Jahr zu Jahr immer mehr ritualisierten Veranstaltungen in Szene setzen zu können, ließ sich der „Führer" von seinem Hofarchitekten Albert Speer auf einer elf Quadratkilometer großen Fläche im Südosten der Stadt gigantische Versammlungs- und Aufmarschplätze entwerfen: die Luitpoldarena (entstanden aus dem Luitpoldhain) für bis zu 150 000 Teilnehmer, das Zeppelinfeld für 200 000 Menschen, die Große Straße, das Deutsche Stadion (für über 400 000 Zuschauer), das Märzfeld für Schaugefechte der Wehrmacht, die Kongresshalle für 50 000 Personen. Der größte Teil des gesamten Projekts – Albert Speer hat die Kosten einmal auf 700 bis 800 Millionen Reichsmark geschätzt – ist nie fertiggestellt worden. Vom Deutschen Stadion kündet heute allein die mit Grundwasser voll gelaufene Baugrube, der „Silbersee". Geblieben sind vor allem die Relikte der Zeppelintribüne, der Kongresshalle und der Großen Straße.

Rund eine Million Menschen, Uniformierte und Zivile, Männer und Frauen, Jungen und Mädchen aus dem gesamten Deutschen Reich kamen jährlich zu den „Tagen von Nürnberg" mit Reden, Aufmärschen, Appellen, Totenehrungen, Vorbeimärschen vor Hitler. Die Massen wurden eingeschworen auf den „politischen Messias" Adolf Hitler. Der „Parteitag des Friedens" (angekündigter Beginn: 2. September 1939) wurde wenige Tage vorher ohne Angabe von Gründen „vorerst" abgesagt: Am 1. September 1939 überfiel Hitlers Armee das Nachbarland Polen. Der Zweite Weltkrieg hatte begonnen.

Vor allem das unselige Wirken von Julius Streicher sorgte mit dafür, dass in Nürnberg während der NS-Zeit die jüdische Bevölkerung noch mehr zu leiden hatte als andernorts. Am 1. Februar 1933 lebten in Nürnberg 8266 Juden. Bis 1940 sank ihre Zahl auf 2 628. In mehreren Deportationsschüben verschleppten die Nazi-Häscher zwischen 1941 und 1944 nahezu alle Juden aus der Stadt in die Konzentrations- und Vernichtungslager nach Riga, Izbica, Krasnicyn, Theresienstadt und Auschwitz. 2 373 Nürnbergerinnen und Nürnberger wurden Opfer der Schoah.

Es dauerte nicht lange, bis auch die „Volksgenossen" an der „Heimatfront" die Folgen des Weltherrschaftsanspruchs des NS-Regimes zu spüren bekamen. Zwischen dem 21. Dezember 1940 und dem 11. April 1945 flogen die Alliierten 44 Angriffe auf Nürnberg. Beim größten am 2. Januar 1945 versank die mittelalterliche Altstadt in Schutt und Asche. Etwa 8 000 Menschen kamen bei den zahlreichen Angriffen ums Leben. Am 20. April 1945 war in Nürnberg der Krieg zu Ende. „Des Deutschen Reiches Schatzkästlein" lag in Trümmern. Der Schutt wurde im Reichsparteitagsgelände abgeladen und zum heutigen „Silberbuck" angehäuft.

Mitten in all der Trostlosigkeit gab es ein Zeichen der Hoffnung für die gesamte Menschheit. Die Nazi-Verbrechen blieben nicht ungesühnt. Die Alliierten bestimmten Nürnberg zum Ort des Tribunals gegen die NS-Hauptkriegsverbrecher. Erstmals mussten sich auch Einzelpersonen und Organisationen verantworten. Die Nürnberger Prozesse schufen neue Normen für ein modernes Völkerrecht. Die heutige internationale Strafgerichtsbarkeit basiert auf den „Nuremberg Principles".

Nach 1945 war die Stadt Nürnberg als Rechtsnachfolger des „Zweckverbands Reichsparteitag Nürnberg", zu dem auch das Deutsche Reich und das Land Bayern gehört hatten, Eigentümer der Bauwerke und der gesamten Grundstücke geworden. Doch was tun mit den baulichen Hinterlassenschaften der Nazis? Zunächst ging man verschämt damit um. Und pragmatisch. Große Flächen des Areals wurden wieder in den Zustand vor 1933 versetzt und zum Volkspark Dutzendteich ausgebaut. Auf den ehemaligen Lagerflächen entstand die neue „Trabantenstadt" Langwasser – mit Wohnraum für 35 000 Menschen. 1967 ließ die Stadt aus Sicherheitsgründen die Säulengalerie auf der Zeppelintribüne sprengen. Gesteinsbrocken waren herabgestürzt. Im Kongresshallen-Torso fand 1949 die erste Deutsche Bauausstellung statt. Am 1. Mai 1946 feierte der Deutsche Gewerkschaftsbund auf dem Zeppelinfeld den „Tag der Arbeit". Der Motor-SportClub Nürnberg veranstaltet seit den späten 40er Jahren Rennen am „Norisring". Die Strecke rund um die Zeppelintribüne ist bei Motorsportfreunden als Stadtkurs beliebt. Ein Lauf der Deutschen Tourenwagen-Meisterschaft findet alljährlich im Sommer statt. 1978 gab Bob Dylan ein legendäres Konzert, die Rolling Stones und Tina Turner folgten. Das Festival „Rock im Park" hat hier seinen festen Platz. Im Juni 2007 feierten 60 000 Fans drei Tage lang.

Nach der Phase des kollektiven Beschweigens der Nazi-Vergangenheit in ganz Deutschland, so auch in der Frankenmetropole, war es der Nürnberger Kulturreferent Hermann Glaser (Jahrgang 1928), der die Auseinandersetzung mit der NS-Zeit suchte und Fragen an die Vergangenheit stellte. Die von ihm Mitte der 60er Jahre initiierten „Nürnberger Gespräche" mit wichtigen Emigranten und Autoren wie Fritz Stern, Jean Améry, Max Horkheimer oder Peter de Mendelssohn setzten sich mit den geistigen Ursprüngen und Folgen des Nationalsozialismus intensiv auseinander.

Glaser verfolgte im Umgang mit dem ehemaligen Parteitagsgelände ein Konzept der „Trivialisierung". Die Bauwerke sollten durch belanglose Nutzung ihren Nimbus als „Weihestätte" des Nationalsozialismus verlieren. Seit 1973 stehen die NS-Relikte unter Denkmalschutz. Nicht zuletzt mit Blick auf das Jahr 1983 – 50 Jahre nach der „Machtergreifung" – wollte Glaser eine feste Ausstellung über Geschichte und Bedeutung der Reichsparteitage realisieren. Im Jahr 1985 wurde in der Halle der Zeppelintribüne die Ausstellung „Faszination und Gewalt" eröffnet. Bilder, Texte, Filme gaben einen Eindruck von dem, was war

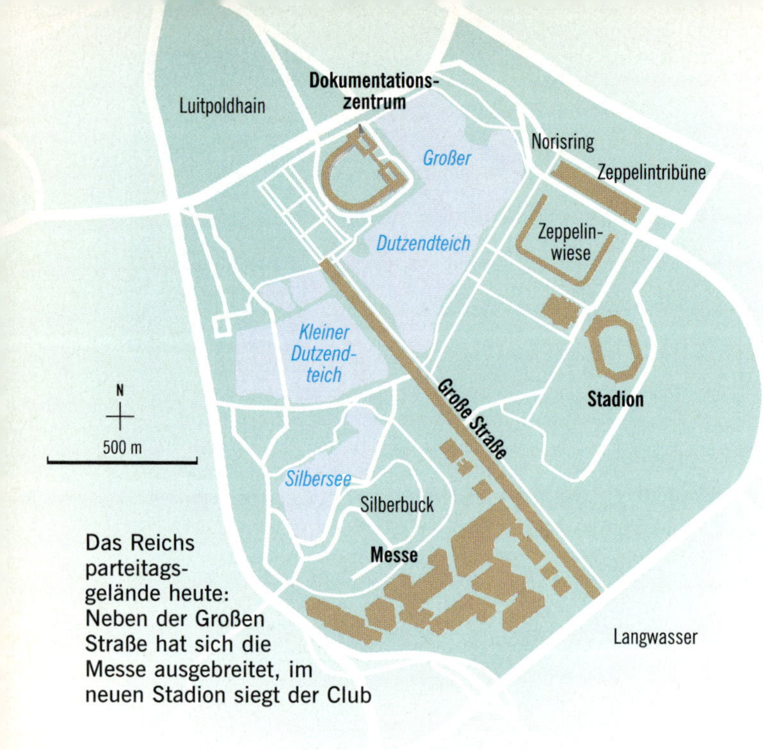

Das Reichsparteitagsgelände heute: Neben der Großen Straße hat sich die Messe ausgebreitet, im neuen Stadion siegt der Club

– umgesetzt mit bescheidenen, allein städtischen Mitteln. Bis zum Jahr 2000 besuchten jährlich bis zu 100 000 Menschen diese Schau. Bald wurde die Ausstellung nur als Provisorium empfunden. Ab 1994 entwickelten die städtischen Museen das Konzept für ein zeitgemäßes Dokumentationszentrum.

Nach einem internationalen Wettbewerb fiel die Entscheidung einstimmig für den Bau des Dokuzentrums im Nordflügel der NS-Kongresshalle nach dem Entwurf des Grazer Architekten Günther Domenig. Er schuf einen 130 Meter langen Steg, der den kahlen, rohen Originalbau wie ein Pfahl durchbohrt und zugleich die zu Ausstellungsflächen umfunktionierten Räume erschließt. 21,5 Millionen Mark haben Architektur und Ausstellung gekostet. Bund und Land beteiligten sich mit je sechs Millionen. Erstmals zeigten damit Bundesrepublik und Freistaat ihre Mitverantwortung für dieses nationale Erbe.

Die Besucher des Dokuzentrums können in der 1300 Quadratmeter großen Dauerausstellung „Faszination und Gewalt“ – der „alte“ Titel wurde beibehalten – einer chronologischen Geschichtserzählung von den 20er Jahren bis nach 1945 folgen. 64 Bild-Text-Tafeln vermitteln 19 Themenbereiche. Im Studienforum des Dokuzentrums finden vor allem für ein junges Publikum ausführliche Gesprächskreise und Seminare statt. Das 2006 installierte Geländeinformationssystem bietet Besuchern auf dem historischen Areal an 23 Standorten Informationen.

Im Saal 600 des Justizgebäudes fand der Prozess gegen die Hauptkriegsverbrecher statt

Die Stadt will auch den Schauplatz der „Nürnberger Prozesse“ besser erschließen. Der Saal 600 im Justizpalast wird nach wie vor für Verhandlungen genutzt. Unter dem Titel „Memorium Nürnberger Prozesse“ planen die städtischen Museen im Gerichtsgebäude eine Dauerausstellung.

Nürnberg hat aus seiner Vergangenheit in der NS-Zeit Konsequenzen gezogen. Die einstige Inbesitznahme durch die Nazis ist Verpflichtung für die Zukunft. Seit 1995 vergibt die Stadt im Zwei-Jahres-Turnus den Internationalen Nürnberger Menschenrechtspreis. Er soll alle ermutigen und bestärken, die für Freiheit und gegen totalitäre Systeme kämpfen.

Das ehemalige Reichsparteitagsgelände ist heute vielfältig genutzt, in der Freizeit, zum Sport, als Wohnort. Auch die NürnbergMesse hat hier ihren Sitz. Die Bürger haben sich die historischen Orte längst wieder angeeignet. Unkompliziert, selbstverständlich. Die Rückwand der Zeppelintribüne dient als Widerpart für einsame Tennisspieler. Die Skater haben ihr Dorado gefunden. Auf den Grünflächen versammeln sich am Wochenende vor allem türkische Familien zur Festtagstafel unter freiem Himmel.

Für Nürnbergs Oberbürgermeister Ulrich Maly (Jahrgang 1960), steht fest: „Wir haben nicht die Option, uns mit der Frage zu beschäftigen, ob wir uns mit dem Gelände auseinandersetzen. Wir haben nur die Option, uns der Frage zu stellen, wie wir uns mit dem Gelände auseinandersetzen.“ Auf Initiative des Stadtoberhaupts beschloss der Stadtrat am 19. Mai 2004 einstimmig Leitlinien über den künftigen Umgang mit dem ehemaligen Reichsparteitagsgelände. Zentraler Punkt: Die Denkmäler müssen bewahrt werden, damit nachfolgende Generationen an diesem „Lernort“, an diesem Ort der Täter jeweils ihre eigene Form des Umgangs mit den NS-Hinterlassenschaften finden können.

1971 notierte der Schriftsteller Horst Krüger: „Von unseren Enkeln und Urenkeln werden diese Reste der Nazizeit einmal bestimmt bestaunt werden, wie die biologischen Entartungen in einem Raritätenkabinett. Dass es so etwas gab in der Menschheitsentwicklung, so viel Rückfall in Barbarei, das sollte man der Welt aufbewahren – für immer.“

Die steinernen Zeugnisse des „Dritten Reichs“ werden in Nürnberg weiter mahnen. Und als Anstoß zur Auseinandersetzung mit dem Damals und dem Heute dienen. Mit ihrem Bemühen um einen aktiven und bewussten Umgang mit der NS-Zeit ist die Stadt längst aus dem langen Schatten ihrer Geschichte getreten. □

Siegfried Zelnhefer *leitet das Nürnberger Presse- und Informationsamt. Der promovierte Historiker ist Mitautor eines beachtlichen Buches über den „Tatort Nürnberg“.*
Jens Rötzsch, *Fotograf aus Berlin, erarbeitete auch die Reportage über das jüdische Fürth (S. 92).*

CITROËN empfiehlt TOTAL
SIE GLAUBEN AN WIEDERGEBURT?
HIER STEHT DER BEWEIS.
Der CITROËN C6. Er ist der Nachkomme einer „Göttin" – und genau wie die legendäre CITROËN DS sorgt er für staunende Blicke. Wegen seines außergewöhnlichen Designs. Weil er neue Maßstäbe beim Komfort setzt. Weil er seiner Zeit voraus ist. Mit einer hydropneumatischen Federung mit elektronisch geregelter Abstimmung und Dämpfung. Mit Head-up-Display, einem AFIL-Spurassistenten und mitlenkenden Bi-Xenon-Scheinwerfern. Er bildet genau die Ausnahme, auf die viele gewartet haben. Ab € 290,– / Monat*.
*Leasingangebot der CITROËN BANK für den CITROËN C6 HDi 170 Biturbo FAP bei € 6.990,– Mietsonderzahlung zzgl. Fracht, 36 Monaten Laufzeit und 15.000 km/Jahr Laufleistung. Privatkundenangebot bei allen teilnehmenden Händlern. Kraftstoffverbrauch innerorts 8,7 l/100 km, außerorts 5,4 l/100 km, kombiniert 6,6 l/100 km. CO_2-Emission kombiniert 175 g/km (gemäß RL 80/1268/EWG).
www.citroen-c6.de
CITROËN C6
NICHTS BEWEGT SIE WIE EIN CITROËN

Fiorda, auserwä

»Fränkisches Jerusalem« wurde Fürth genannt. Anfang des 19. Jahrhunderts war hier jeder Fünfte Jude. Und was blieb?

Text: Bernd Noack, Fotos: Jens Rötzsch

hlte Stadt

Freitagabend, bei Anbruch der Dunkelheit: Wie es die rituelle Vorschrift will, entzündet Rabbi Shlomo Arie Wurmser die Kerzen der kleinen Synagoge in der Hallemannstraße. Am „Grünen Markt“ fällt die Dämmerung über die Giebelhäuser und die evangelische Kirche St. Michael

AUF DER SPUR

Auf dem alten israelitischen Friedhof von Fürth verwittern die Grabsteine. Im Museum an der Königstraße lässt Direktorin Daniela Eisenstein die Zeugnisse jüdischer Vergangenheit zeigen. Im obersten Stock gibt es eine Laubhütte, die sich zum Himmel öffnen lässt: Hier feierten die einstigen Bewohner den Auszug Israels aus Ägypten

am späten Vormittag, wenn die Sonne in einem ganz bestimmten Winkel hereinscheint, hätte man die besten Chancen, überhaupt noch etwas zu entziffern, sagt Gisela Naomi Blume. Außerdem sei der Winter die viel günstigere Jahreszeit. Jetzt, im Sommer, liegt der alte jüdische Friedhof fast ganz im Schatten der mächtigen Laubbäume: Das Licht tanzt nur irritierend und blinkend über den wirren Efeu am Boden und auf den verwitterten Grabplatten, die hier schief und anscheinend ungeordnet aus der Erde ragen. Mit bloßem Auge sind auf dem schrundigen Sandstein gerade noch ein paar Gravuren, ein paar Rillen und Ritzen zu erkennen, Fragmente von Zeichen und Symbolen einer verlorenen Zeit.

„Oft haben wir diese alten Inschriften wie Blinde ertastet", sagt Gisela Blume, „wir haben die Augen geschlossen und sind mit den Fingern über die nur noch spürbaren Schriften gefahren." Hebräische und deutsche Buchstaben und Wörter reimten sich da zusammen, ergaben einen Sinn – und auf einmal eine Geschichte, ein ganzes Leben. Die 6500 heute noch existierenden Grabsteine gaben Namen preis, Daten, Geburts- und Sterbeorte, Berufe, Erinnerungen und Schicksale. 20000 Beerdigungen haben hier, am Rand der Fürther Altstadt, zwischen 1607 und 1936 stattgefunden: bei einer wurde Ende des 19. Jahrhunderts eine Frau mit dem Mädchennamen (vermutlich) Naumburger (der Vorname fehlt) begraben, im jüdischen Monat Siwan (die Hälfte ist noch lesbar); der Schluss des gemeißelten Segensspruches versickert im Stein wie Wasser im Sand. Jede poröse Tafel ein neues Rätsel, der ganze Friedhof ein kryptisches Puzzle.

Aber diese jüdische Frau ist nun auch registriert, aufgenommen in die endlose Liste, die Gisela Blume, Vorsitzende der Israelitischen Kultusgemeinde in Fürth, seit 15 Jahren anlegt: Auf über 7000 Fotos hat sie den Bestand des Friedhofs dokumentiert, die aus den Inschriften zusammengesuchten Informationen wurden ergänzt und abgeglichen mit standesamtlichen Registern. Lückenlos kann damit die lange jüdische Geschichte Fürths nicht nacherzählt werden; aber es ist nun begreifbarer und nachvollziehbarer geworden, wie viel Anteil die Juden in den letzten 400 Jahren an den Geschicken der 1000-jährigen Stadt hatten.

Die älteren Herren, die in der Sommerhitze ihre Hüte in den Nacken schieben und sich an diesem Freitagabend zum Gottesdienst in die kleine Synagoge in der Hallemannstraße begeben, wissen von dieser Historie (noch) nicht viel. Sie begrüßen sich zwar mit „Schabbat Schalom", reden dann aber in ihrer Muttersprache weiter – russisch. Die Gemeinde hat heute wieder 500 Mitglieder, nahezu alle sind Emigranten aus der ehemaligen Sowjetunion. Während der junge Rabbiner Shlomo Arie Wurmser exakt und den Vorschriften folgend um zehn Minuten nach 18 Uhr die Lichter entzündet, greifen sie zu den Gebetbüchern, die in kyrillischen und hebräischen Lettern gedruckt sind, zusätzlich aber auch noch eine Lautschrift enthalten, damit die Frauen und Männer überhaupt aktiv an den Zeremonien teilnehmen können. Vielen sind die Inhalte und Rituale ihres jüdischen Glaubens bis vor kurzem völlig unbekannt gewesen, und von der jüdischen Vergangenheit ihrer neuen Heimat kennen sie nur Bruchstücke.

„Die vordringliche Aufgabe der Gemeinde ist zunächst einmal eine soziale", sagt die Vorsitzende. „Es geht um die Eingliederung der Neuangekommenen, um Behördenhilfe oder Sprachkurse. Dann erst kommt die Vermittlung der religiösen Inhalte." Und schließlich der Blick auf Fürth.

Auf eine Stadt, die nicht zuletzt für PR-Zwecke gerne mit dem schiefen Bild eines „Fränkischen Jerusalems" geschmückt wird. Richtig an dem Toleranz-Slogan wäre, dass diese Stadt seit Ende des 15. Jahrhunderts Anziehungspunkt für Juden gewesen ist, die aus großen Städten (wie 1499 aus Nürnberg) und europäischen Landen (etwa Österreich) vertrieben wurden. Anfang des 19. Jahrhunderts war jeder fünfte Fürther Bürger ein Jude.

Hier gab es einmal sieben Synagogen, bedeutende Rabbiner lehrten in weithin anerkannten Talmud-Hochschulen, in vielen Druckereien wurden die wichtigsten Bücher in hebräischer Schrift hergestellt und in Europa verbreitet.

Doch ebenso trügerisch ist der Begriff, denn von den 2200 Mitgliedern, die die Gemeinde vor 1933 hatte, überlebte fast keiner; nach dem Krieg war über Jahrzehnte hinweg kein geregeltes religiöses Leben mehr möglich – im „Fränkischen Jerusalem" wohnten keine Juden mehr. Der alte „Schulhof" mit seinen Synagogen war 1938 niedergebrannt worden und lag seitdem wie eine offene Wunde mitten im angestammten jüdischen Wohngebiet, das freilich nie ein Ghetto war (heute erinnert eine steinerne Flamme an den Ort). Den Friedhof hatten die Nazis geschändet, geplündert, verkleinert, weil man Straßen und Löschteiche an-

MERIAN | Kurzinterview

HENRY KISSINGER

wird am 27. Mai 1923 in der Fürther Altstadt geboren, Mathildenstraße 23. Er ist das erste Kind von Louis und Paula Kissinger. Der Junge – noch heißt er Heinz Alfred – besucht die jüdische Grundschule, wechselt dann aufs Gymnasium. 1938 muss die jüdische Familie, die längst unter den Übergriffen der Nazis und Nachbarn zu leiden hat, fliehen. In den USA studiert Kissinger an der Harvard University und startet eine rasante politische Karriere, auf deren Höhepunkt er 1973-76 das Amt des Außenministers ausübt. Seine Heimatstadt hat er einige Male besucht, er ist Ehrenmitglied des Fußballklubs Spielvereinigung Fürth. Über seine Jugendzeit äußert er sich nicht gern, auch die Antworten auf MERIAN-Fragen sind knapp:

Herr Kissinger, wie lautet Ihre Charakteristik Fürths?

Kissinger: Es ist und bleibt für mich a charming small town …

Sie waren 15 Jahre alt als Ihre Eltern aus Fürth emigrierten. Wie haben Sie die politischen Veränderungen in der Stadt mitbekommen?

Kissinger: In meiner Erinnerung wurde auch Fürth, wie jede andere Stadt, von politischen Kräften regiert, die sich meiner Familie und allen anderen jüdischen Menschen der Stadt gegenüber außerordentlich feindlich benommen haben.

Wenn Sie heute an Fürth denken, welche „Lieblingsplätze" fallen Ihnen ein?

Kissinger: In dieser Reihenfolge: der „Ronhof", also das legendäre Stadion meines Fußballvereins, das Stadttheater und die Stadthalle. An Neuigkeiten aus Fürth interessieren mich am meisten die Ergebnise der Spielvereinigung Greuther Fürth.

UNVERSEHRT

Der Japaner Kunihiko Kato hat die steinerne Flamme geschaffen. Sie erinnert in der Geleitsgasse an die niedergebrannte Synagoge. Unzerstört blieb Fürth im Zweiten Weltkrieg, ganze Straßenzüge der Gründerzeit blieben geschlossen erhalten. In einem Hinterhof an der Königstraße steht „Gabriels Schul". Das mit Schindeln verkleidete einstige Bethaus ist seit 1836 in Privatbesitz

legen „musste"; bedeutende Gelehrte und Intellektuelle waren geflüchtet, kleine Händler und Handwerker hatte man deportiert. Ein Denkmal auf dem neuen jüdischen Friedhof steht für 886 Fürther Opfer der Schoah.

Etwas von der Atmosphäre des alten, lebendigen, intakten jüdischen Fürth in den engen Gassen und Hinterhöfen, den Betstuben und dunklen Behausungen vermittelt heute noch die Oper „La Juive" des französischen Komponisten Fromental Halévy. Dessen Vater Elias, ein Sprachenforscher und Synagogensänger, war, den Idealen der Revolution folgend, im 18. Jahrhundert von Fürth nach Frankreich ausgewandert. Seine Erinnerungen an das alte „Fiorda" (der hebräische Name der Stadt) hielt er aber auch im Exil wach und gab sie weiter an seinen Sohn, der sie in seinem künstlerischen Werk fortleben ließ.

Andere Juden aus diesem Fiorda (geboren wurden hier auch der Verleger Leopold Ullstein, der Jurist Max Bernstein, der Kunsthistoriker Richard Krautheimer, die Schriftsteller Ruth Weiss und Robert Schopflocher) zeichneten mitunter ein weniger harmonisches Bild ihrer Heimatstadt. Der Schriftsteller Jakob Wassermann etwa, der nur hinaus wollte aus dieser

BIS AUF DIE SYNAGOGE

„Sphäre des dämonischen Kleinbürgertums", weg von diesem „schwerflüssigen Ort", der ihn beim Denken und Atmen behinderte. In seinen Romanen und autobiografischen Schriften hat er den Trübsinn der Arbeiter- und Kleine-Leute-Viertel ohne Wehmut beschrieben: Man kann durch diese verwinkelte Welt noch spazieren, zwischen dunklen und hohen Gründerzeit-Fassaden und auf welligem Kopfsteinpflaster; kann hinaufsteigen in Stiegenhäuser, wo man durch die dünnen Wände den Familien-Alltagskrach hört; kann sich verirren in Hinterhöfen, in denen früher die Juden an hohen Feiertagen ihre Laubhütten errichteten. Wassermann beschrieb die Fürther Szenerie um 1900 noch so: „Fanatische Gesichter, Augen voll Askese und glühend im Gedächtnis unvergessener Verfolgung. Auf ihren Lippen wurden die strengen Gebete, Anruf und Verfluchung, wirklich, die lastbeladenen Schultern sprachen von generationenalter Demut und Entbehrung, die ehrwürdigen Gebräuche wurden in entschlossener Hingabe buchstabengetreu erfüllt, die Erwartung des Messias war ungebrochener, wenn auch dumpfer Glaube."

Eine Handvoll Jahrzehnte nur ist es her. Der Messias kam (auch) nicht nach Fiorda, und der „dumpfe Glaube" konnte das Unheil nicht verhindern. Es kam die Auslöschung, die Vertreibung aus einem Fürth, das längst nicht mehr Jerusalem glich. Wenn es jemals eine Ähnlichkeit mit dem herrlichen Ort hatte. Daniela Eisenstein hegt da ihre Zweifel.

Die aus Amerika stammende junge Frau ist Direktorin des Jüdischen Museums Franken. Untergebracht in einem über Jahrhunderte hinweg von Juden bewohnten stattlichen Fachwerkhaus, beherbergt es nicht nur Dokumente zur wechselvollen Geschichte der Juden in Fürth: Handschriften, frühe Buchdrucke, Ritualgegenstände, Modelle und Gemälde. Bewusst „erfahrbar" ist auch der jüdische Alltag, wenn man im obersten Stockwerk in einer Laubhütte steht, deren Dach sich zum Himmel hin öffnen lässt, oder hinabsteigt zur Mikwe, dem Ritualbad tief in der Erde, das heute noch Grundwasser führt.

Aber unter Daniela Eisensteins Leitung kratzt die Institution am Image der stets aufgeschlossenen und judenfreundlichen Stadt und zeigt eben auch Beispiele, die so gar nicht zum blinden Stolz auf ein friedliches Miteinander beitragen: der „Quelle"-Versandhaus-Gründer Gustav Schickedanz aus Fürth warb ab 1933 für seine Firma mit dem Wörtchen „arisch", heimische Brauereien brachten antisemitische Bierfilze in die Wirtshäuser, auf Schützenscheiben wurden die Namen siegreicher jüdischer Vereinsmitglieder getilgt ... Ein Museum dieser Art, so die Direktorin, dürfe sich nicht nur auf die schöne Tradition und schon gar nicht auf ein verzerrendes Geschichts-Wohlbehagen zurückziehen.

Mit diesen Wahrheiten wird die Stadt leben müssen. Gleichwohl oder gerade deshalb ist das Interesse an der jüdischen Vergangenheit in den letzten Jahren sprunghaft gestiegen. Es gibt organisiertes Spurensuchen durch das jüdische Fiorda, zu den Führungen über den Friedhof melden sich Hunderte von Einheimischen und Fremden an, das Museum ist Anziehungspunkt für Besucher aus dem In- und Ausland (besonders auch für Schulklassen), zahlreiche Publikationen beschäftigen sich mit dem Thema. Das wirkliche jüdische Leben aber ereignet sich heute fernab dieser Öffentlichkeit, die, so Gisela Blume, das Judentum derzeit eben einfach mal „schick" findet.

In der Synagoge hat Rabbi Wurmser an diesem Freitagabend vor Schabbat der Gemeinde den Rücken zugekehrt und wiegt sich im murmelnden Gebet; in der ersten Bankreihe sitzt allein ein alter Mann mit Gebetsriemen und beugt sich versunken über seine Bücher; eifrig kritzelt er Anmerkungen, seine Lippen bewegen sich lautlos. Ein zeitlos-friedliches Bild, das für einen Moment glauben lässt, in der Geschichte der Juden in Fürth hätte es keine grausamen Unterbrechungen gegeben. Ein Bild aus verlorenen – und nun doch wiedergefundenen Tagen, über die die Fürtherin Ruth Weiss, die 1936 aus ihrer Stadt nach Südafrika floh, einmal schrieb:

„... durch diese Kindheit, verbunden mit dem Geruch der Kerzen, die meine Großmutter am Freitagabend anzündete, dem Duft der frischgebackenen Berches, des geflochtenen Brotes für den Schabbath, der Erinnerung an den leeren Platz an der Tafel des Pessach-Festes – durch diese Kindheit weiß ich, dass ich eine Jüdin bin. Es hat etwas zu tun mit Wärme und Liebe, mit Geborgenheit und Tradition." □

Bernd Noack, *Buchhändler, Theaterkritiker, Buchautor, lebt in Fürth.*

MERIAN | TIPPS

ADRESSEN

Jüdisches Museum Franken
Königstraße 89, Tel. (09 11) 77 05 77
www.juedisches-museum.org
Di 10-20, Mi-So 10-17 Uhr

Alter jüdischer Friedhof
Schlehenstraße, zu besichtigen nur bei Führungen; Infos und Anmeldung bei der Israelitischen Kultusgemeinde, Tel. (09 11) 77 08 79.
Führungen zuweilen auch durch den Verein Geschichte für Alle
Tel. (09 11) 307 36 10
www.geschichte-fuer-alle.de

LITERATUR

Bernd Windsheimer
Geschichte der Stadt Fürth
Beck, 2007, 16,90 €

Bernd Noack
Mit Licht und Schatten gepflastert
Elf literarische Erkundungen in Fürth, Schrenk, 2007, 12,50 €

Katrin Bielefeldt
Geschichte der Juden in Fürth
Historische Spaziergänge, Sandberg, 2005, 6,80 €

Sten Nadolny **Ullsteinroman**
Ullstein, 2003, 24 € (Taschenbuch 8,95 €)

Jakob Wassermann
Mein Weg als Deutscher und Jude
(1921), Jüdischer Verlag, 2005
19,80 € (dtv-Taschenbuch 9,50 €)

>> Mehr Infos zu Fürth auf Seite 128

MERIAN SHOP
BESTELLEN SIE JETZT!

Süddeutsche Zeitung | Cinemathek

Film-Highlights zu kleinen Preisen!
50 großartige Regisseure, bekannte Schauspieler und überraschende Talente. Berühmte Filmklassiker, unvergessliche Kultfilme und Geheimtipps, wieder ausgewählt und vorgestellt von der SZ-Kinoredaktion. In jedem Original-SZ-DVD-Booklet zur sicheren Aufbewahrung der DVDs finden Sie ein Portrait des Regisseurs, den Originaltext eines Filmkritikers zum Film, Informationen zum Making-Of des Films sowie original Szenenbilder aus dem Film.

Die wahrscheinlich schönste DVD-Edition aller Zeiten.
Sie erhalten die ersten 50 Filme der SZ-Cinemathek in einer Lieferung für nur 343 Euro.

TOP-ANGEBOT!

MERIAN scout Alpen 2006/2007 DX
Ob Sommer, ob Winter, die Alpen gehören zu den schönsten Regionen der Welt. Mit dem MERIAN scout Alpen 2006/07 DX kommen Sie nicht nur gut und sicher durch die Berge, Sie finden darauf auch über 43.500 von der MERIAN scout-Redaktion beschriebene Reisetipps in Deutschland, Frankreich, Italien, Österreich und der Schweiz. PLUS: Tipps aus dem MERIAN guide „Winterurlaub in den Alpen". Preis: 199,00 Euro

MERIAN guide Bädertempel & Kuroasen
Die schönsten Thermal- und Kurbäder mit Flair und Tradition. Im MERIAN guide sind die 75 Kurbäder in Europa Ort der Entspannung, für Kurzreisen ebenso geeignet wie für längere Wellness-Aufenthalte. Dazu Shopping-Tipps und die besten Restaurants. 256 Seiten, 180 Fotos, Preis: 12,90 Euro

MERIAN live! Thüringen
Mehrfach ausgezeichnet als Bester Kompakt-Reiseführer: 1. Platz ITB Buch-Award. Deutschlands grünes Herz. Burgen, Schlösser und Kirchen aller Epochen lassen lebendige Geschichte spüren. Liebliche Flusstäler und blühende Wiesen bieten Entspannung und die Thüringer Spezialitäten werden den Gaumen verwöhnen. 128 Seiten, 60 Fotos, Preis: 7,95 Euro

MERIAN | live! | classic | guide | kompass | scout

WEITERE ANGEBOTE DER MERIAN FAMILY
WWW.MERIAN.DE/SHOP

Von falschen

Die Kunst des Bildhauers Adam Kraft haben die Nazis ideologisch vereinnahmt – und sein Sakramentshaus in der Lorenzkirche zum Schutz vor Bomben eingemauert

Die obere Partie des filigranen Sakramentshauses wurde nicht ummantelt, im Krieg zerstört und später restauriert. Nur die Spitze, die sich wie ein Farn entrollt, war unversehrt geblieben

Zwanzig Meter hoch ragt das Meisterwerk Adam Krafts vom Ende des 15. Jahrhunderts vor einem Pfeiler im Chor der Lorenzkirche auf. Es barg die Hostie und zeigt die Passion Christi

Verehrern gerettet

Ein filigranes Schmuckstück aus Stein ist dieses Herrgottshäuschen in der Nürnberger Lorenzkirche. Es barg die Hostie, den Leib Christi, und zeigt die Passion von der Verkündigung bis zur Auferstehung. Den Betrachter mutet es an wie eine in die Höhe sprießende Pflanze, die sich an einem Pfeiler des Chores entlangstreckt. Ganz leicht und beschwingt, einem Farnblatt gleich entrollt sich die Spitze und schmiegt sich an die Rippen des Pfeilers an. Ein Wunderwerk der Kunst, ein Werk von Adam Kraft, entstanden zwischen 1493 und 1496.

Lange galt in der neueren Zeit die Kunst von Adam Kraft als muffig und bieder. Viele Kunstgeschichtler ignorierten sie. Was war geschehen?

Die Nationalsozialisten hatten den Nürnberger Bildhauer für sich entdeckt und als urdeutschen Künstler stilisiert, in dessen Werken sich ihr Gedankengut spiegelte. Sein Hauptwerk, das spätgotische Sakramentshaus wurde daher auch im Zweiten Weltkrieg besonders geschützt. Das Hochbauamt und die Denkmalpflege schlugen 1941 eine Ummauerung des Herrgottshäuschens vor, da die zunächst vorgesehene hölzerne Ummantelung eine zu große Brandgefahr barg. Ende des Jahres 1941 war das Kraftsche Tabernakel auf etwa zwei Drittel Höhe in einem 51 Zentimeter dicken, kaminartigen Bollwerk verschwunden. Die Mauerwand erfüllte ihren Zweck: 1945, beim Einsturz des Netzgewölbes der Kirche, erlitt das Herrgottshäuschen nur im oberen Teil Schäden, die aber 1952 im Zuge des umfassenden Wiederaufbaus der Kirche restauriert werden konnten. Das Meisterwerk des Multitalentes aus dem 15. Jahrhundert war ansonsten standfest geblieben.

Adam Kraft war Steinmetz, Baumeister und Statiker in einem. Gerne wurden ihm auch Wunderkräfte nachgesagt, erst recht nach seinem Tode 1509. In den „Nachrichten von den vornehmsten Künstlern und Werkleuten" schrieb Johann Neudörfer 1547, dass Kraft über die Fähigkeit verfügt habe, „Stein zu mildern und zu gießen." Nur so konnte man sich dieses famose, 20 Meter hohe Tabernakel erklären.

Das Herrgottshäuschen lässt sich in drei Zonen unterteilen: in die Sockelzone mit einem umlaufenden Geländer, auf der sich der eigentliche Korpus in Gestalt eines quaderförmigen Schreins anschließt. Die Bekrönung in Form eines turmartigen Baldachins nimmt zwei Reliefzonen, einen Fialenkranz und die Kreuzigungsgruppe, auf. In der Sockelzone verewigte sich der Meister selbst in Arbeitsmontur, in den Händen die typischen Steinmetz-Werkzeuge Klüpfel und Meißel.

Er dient dort wie seine zwei Gesellen als tragende Figur. Die drei Männer stehen mit dem Betrachter auf einer Ebene, als wollten sie ihre Rolle als dienende Baumeister betonen – und als wollten sie sich unsterblich machen. Beim Einmauern während des Zweiten Weltkrieges hockten die drei im Weg und wurden ausgelagert.

Der Meister selbst trägt sein Werk auf den Schultern. In den Händen hält Adam Kraft Klüpfel und Meißel

Mit dem Fernglas bestaunen Besucher der Lorenzkirche das Sakramentshaus auf diesem Stahlstich von 1831. Adam Kraft war im 19. Jahrhundert berühmt. Gipsabgüsse seiner Figuren wurden in London und Moskau präsentiert

Der edle Stifter ist nur mit seinen Familienwappen gewürdigt: Immerhin kostete den Nürnberger Patrizier Hans Imhoff das gespendete Tabernakel 700 Gulden, was damals dem Wert mehrerer Häuser entsprach. Als eine weitere Anerkennung gab es noch ein Ehrengeld von 70 Gulden für den Meister und einen Mantel als Geschenk für die Gattin.

Adam Kraft wurde für sein Werk vor allem im 19. Jahrhundert verehrt. Gerne wurde er im Künstler-Ranking an erster Stelle geführt, erst danach folgten Veit Stoß und Albrecht Dürer. Sogar „Shakespeare der deutschen Plastik" wurde Kraft genannt. Dabei war er vor allem auch ein „Iron-Man", der zur Errichtung des Sakramentshauses mehrere Tonnen Gewicht an Sandstein, Mörtel, Eisen und Blei zu bändigen wusste. Mit einem ausgetüftelten Baukastensystem, mit Kraftableitung und Lastverteilung, mit Klammern und Dübeln aus Eisen bezwang er die Gesteinsmassen. Einzelelemente wurden durchbohrt, mit geschmolzenem Metall ausgegossen und wie Perlen aufgereiht. Anschließend wurde alles mit feinkörnigem Mörtel umschlossen.

Über das Leben Adam Krafts, über seine Lehrjahre ist nicht viel überliefert. Ein paar Schulden, ein uneheliches Kind und zwei Ehefrauen sagte man ihm nach. Auch mit großen Aufträgen für Fürstenhäuser oder Metropolen, wie sie Veit Stoß und Albrecht Dürer bekamen, konnte er nicht prahlen. Er blieb immer Kleinbürger, fest mit Nürnberg verbunden. Diese Verbundenheit verschonte das Werk aber auch vor der Reformation. 1525 wurden in den reformierten Gotteshäusern alle Reliquien und die Hostie überflüssig. In vielen evangelischen Kirchen wurden deshalb Sakramentshäuschen abgerissen, doch die steinerne Pflanze von Adam Kraft wurde nicht angerührt. Der Humanist Helius Eobanus Hessus beschrieb das Sakramentshaus in Sankt Lorenz 1532 schon als eine Hauptattraktion der Stadt. Die Arbeit wurde als ein Ausdruck des Nürnberger Gewerbefleißes umgedeutet, und so konnte aus dem religiösen Meisterwerk flugs eine touristische Attraktion werden.

Die Arbeit von Adam Kraft hatte nun einen ästhetischen Wert. Viele Besucher, Kaufleute, Fürsten und Künstler, kamen, um sie zu bewundern. Sie fand sich im 17. und im 18. Jahrhundert auf reproduzierten Druckgrafiken wieder. Abbilder des Nürnbergers Herrgottshäuschens wurden gesammelt und in die gute Stube gehängt. Mitte des 19. Jahrhunderts folgten Gipsabgüsse von Details, die unter anderem in das Victoria and Albert Museum in London und in das Puschkin-Museum in Moskau gelangten. Das Sakramentshaus war in aller Munde. Als sich 1901 eine Katze in ihm verirrte, gab es Alarm in der Stadt. Bei der Rettung des Kirchentigers sei das Tabernakel beschädigt worden, vermeldet die Chronik. Warum nicht die Feuerwehr geholt worden sei, fragte man vorwurfsvoll. Die Verwaltung der Lorenzkirche wurde gerügt, weil „das ganze Vaterland ein Interesse" am Sakramentshaus habe, so etwas dürfe nicht wieder vorkommen.

Genauso wenig die Gleichsetzung des spätgotischen Sakramentshauses mit nationalsozialistischer Ideologie. Dem Meister würde wahrscheinlich bei dieser Vorstellung der Meißel aus der Hand fallen. So was hatte sein Wunderwerk wirklich nicht verdient. □

Karola Kostede *ist Kunsthistorikerin, lebt in Hamburg und schreibt regelmäßig in* MERIAN.
Tobias Gerber *suchte lange und fand auf dem Chorumgang der Lorenzkirche exakt den Foto-Standort, von dem die alte SchwarzWeiß-Aufnahme des ummauerten Sakramentshauses gemacht wurde.*

WAS IST WAS
AUF JEDE FRAGE EINE ANTWORT
SEHEN I HÖREN I MITMACHEN
Können alle ADLER FLIEGEN?
Nein, 1835 fuhr dieser Adler das erste Mal zwischen Nürnberg und Fürth.
ADLER
WAS IST WAS – die multimediale Wissenswelt
Jetzt kostenlos Mitglied werden im WAS IST WAS Klub – mehr Infos unter: www.wasistwas-klub.de
Pferde & Ponys
Mittelalter
Erfindungen
Eisenbahn
Fußball Formel 1
Deutschland Quiz Bayern
Bücher für Kinder ab fünf Jahren
DVD
Hörspiele
Quizspiele und vieles mehr
Wissen
TESSLOFF

Bildnachweis

Anordnung im Layout:
o = oben, u = unten, r = rechts
l = links, m = Mitte.

Titel: Reinhard Schmid/Bildagentur Huber; S. 3 o Peter Roggenthin, m Gerhard Westrich, u Jens Rötzsch; S. 4 m AKG, u Westrich; S. 4/5 Tobias Gerber; S. 5 m Arthur F. Selbach, ul Rötzsch, ur Walter Schmitz; S. 6 o Gerber, ur Museen der Stadt Nürnberg/Graphische Sammlung, ul Herbert Liedel; S. 8 o Illustration von Andreas Floris, m Rainer Elpel, u Neues Museum Nürnberg; S. 10 o Herbert Liedel, mr AKG, ml Westrich, u T. Schamberger/mecom Datenbank; S. 12/13, 14, 15 lo, 15 ro Gerber; S. 15 ul Westrich; S. 15 ru, 16/17 Gerber; S. 18/19, 20 Westrich; S. 21, 22 Gerber; S. 23 ol, or, ul, ur Westrich; S. 24, 25 Gerber; S. 30, 31 Walter Schmitz; S. 32 o Timm Schamberger/ddp; S. 32/33 u Armin Weigel/dpa; S. 33 o Bernd Müller/imago; S. 34 Liedel; S. 35 Schmitz; S. 39 Toni Burghart; S. 40 ol, u AKG, or A. Koch/Interfoto; S. 41 BPK; S. 42 ol, or, u, 43 AKG; S. 45 o Herbert Liedel, u Johannes Marburg; S. 46 l Westrich, r Gerber; S. 48-50 Walter Schmitz; S. 52 ol, or Liedel, u Schmitz; S. 54, 56 o Corbis; S. 58-63 Jörg Klaus; S. 68-81 Arthur F. Selbach; S. 84-96 Jens Rötzsch; S. 97 Fotoarchiv der Stadt Fürth; S. 100 l Stadtarchiv Nürnberg, r Gerber; S. 102 Germanisches Nationalmuseum, Nürnberg; S. 105 Franz Marc Frei; S. 106 Verlag Schnell + Steiner, Regensburg; S. 107 Gerber; S. 108 Spielzeugmuseum, Nürnberg; S. 110 AKG; S. 112 ul, ur J. Musolf/Germanisches Nationalmuseum, Nürnberg; S. 112/113 Westrich; S. 114/115 Herbert Liedel; S. 116 Westrich; S. 118 o G. Hänel/Focus, u Stockfood; S. 120 o, u Gerber; S. 121 G. Hänel/Focus; S. 122 Gerber; S. 124 Westrich; S. 126 AKG; S. 130 Herbert Liedel; S. 134 Westrich; S. 135 o Nürnberg Luftbild; S. 136 BPK; S. 137 Archiv Faber-Castell; S. 138 ol J. Modrak/ Bilderberg, or Gräfenhain/ Bildagentur Huber, lu Tips Images/ Focus , ru Urban Zintel.

Blick über Nürnbergs Altstadt auf die Burg. Rechts der Schlayerturm, Teil der Stadtmauer. Reinhard Schmid fotografierte den Titel dieses MERIAN-Heftes

MERIAN

Heft 09/2007, September, Erstverkaufstag dieser Ausgabe ist der 23. 8. 2007
MERIAN erscheint monatlich im Jahreszeiten Verlag GmbH, Poßmoorweg 2, 22301 Hamburg
Telefon 040/27 17-0 **Anschrift der Redaktion:** Postfach 601728, 22217 Hamburg
Telefon 040/27 17-26 00, Fax 040/27 17-26 28, E-Mail: redaktion@merian.de
Leser-und Aboservice: Postfach 601220, 22212 Hamburg, Tel. 040/87 97 35 40, Fax 040/27 17-20 79
Syndication: www.jalag-syndication.de
GourmetPictureGuide: Stefanie Lüken, Telefon 040/27 17-20 02, Fax 040/27 17-20 89, www.gourmetpictureguide.de
Internet: www.merian.de

Herausgeber: Manfred Bissinger
Chefredakteur: Andreas Hallaschka
Stellvertretender Chefredakteur: Hansjörg Falz
Art Directorin: Sabine Lehmann **Chefs vom Dienst:** Tibor M. Ridegh, Klaus Kube (freie Mitarbeit)
Redakteure: Roland Benn (freie Mitarbeit), Anja Haegele (freie Mitarbeit), Thorsten Kolle (freie Mitarbeit)
Kathrin Sander, Charlotte von Saurma **Schlussredaktion:** Tibor M. Ridegh, Jasmin Wolf
Layout: Helga Damm (freie Mitarbeit), Ingrid Koltermann (Schlussgrafik), Dorothee Schweizer (stellv. Art Directorin)
Bildredaktion: Hanni Rapp, Eva M. Ohms, Lars Lindemann (freie Mitarbeit)
Redakteur dieses Heftes: Andreas Hallaschka **Bildredakteurin dieses Heftes:** Hanni Rapp
Kartographie: Peter Münch **Dokumentation:** Jasmin Wolf, Sebastian Schulin (freie Mitarbeit), Andrea Wolf (freie Mitarbeit)
Mitarbeit: Helmut Golinger, Sophie von Puttkamer, Laura Zichnowitz
Herstellung: Karin Harder **Redaktionsassistenz:** Sabine Birnbach, Katrin Eggers
Geschäftsführung Premium Magazine: Peter Rensmann **Verlagsleitung Premium Magazine:** Oliver Voß
Group Head Anzeigen Premium Magazine: Roberto Sprengel **Anzeigenleitung:** Christel Janßen
Anzeigenstruktur: Patricia Hoffnauer **Marketing:** Kenny Machaczek, Ulrich Rieger, Sonja Wünkhaus
Vertriebsleitung: Jörg-Michael Westerkamp (Zeitschriftenhandel), Frank H. Häger (Buchhandel)
Verantwortlich für den redaktionellen Inhalt: Andreas Hallaschka
Verantwortlich für Anzeigen: Roberto Sprengel

Verlagsbüros Inland:
Hamburg: Tel. 040/27 17-25 95, Fax -25 20, E-Mail: vb-hamburg@jalag.de
Berlin: Tel. 030/80 96 23-60, Fax -70, E-Mail: vb-berlin@jalag.de
Hannover: Tel. 0511/85 61 42-0, Fax -19, E-Mail: vb-hannover@jalag.de
Düsseldorf: Tel. 0211/901 90-0, Fax -19, E-Mail: vb-duesseldorf@jalag.de
Frankfurt: Tel. 069/97 06 11-0, Fax -44, E-Mail: vb-frankfurt@jalag.de
Stuttgart: Tel. 07 11/966 66-520, Fax -22, E-Mail: vb-stuttgart@jalag.de
München: Tel. 089/99 73 89-30, Fax -44, E-Mail: vb-muenchen@jalag.de

Repräsentanzen Ausland:
Basel: Intermag AG, Tel. +41 61/275 46-09, Fax -10, E-Mail: info@intermag.ch
London: The Powers Turner Group, Tel. +44 20/7630 99 66, Fax 76 30 99 22, E-Mail: cweiss@publicitas.com
Mailand: Media & Service International Srl, Tel. +39 02/48 00 61 93, Fax 48 19 32 74, E-Mail: info@it-mediaservice.com
Paris: International Magazine Company, Tel. +331/53 64 88 91, Fax 45 00 25 81, E-Mail: imc@international.fr
Madrid: Alcála Media International Media Representation, Tel. +34 91/326 91 06, Fax -07, E-Mail: alcalamedia@retemail.es
Wien: Publimedia Internationale Verlagsvertretungen GmbH, Tel. +431/215 30, Fax 212 16 02
E-Mail: ppn-vienna@publicitas.com
New York: The Russell Group Ltd., Tel. +12 12/213 11-55, Fax -60, E-Mail: info@russellgroupltd.com

Die Premium Magazin Gruppe im Jahreszeiten Verlag

A&W Architektur & Wohnen · COUNTRY · DER FEINSCHMECKER · WEIN Gourmet · MERIAN

Gültige Anzeigenpreisliste: Nr. 39
Das vorliegende Heft September 2007 ist die 9. Nummer des 60. Jahrgangs. Diese Zeitschrift und die einzelnen Beiträge und Abbildungen sind urheberrechtlich geschützt. Jede Verwertung außerhalb der engen Grenzen des Urheberrechtsgesetzes bedarf der Zustimmung des Verlages. Keine Haftung für unverlangt eingesandte Manuskripte und Fotos. Preis im Abonnement im Inland monatlich 6,37 € inklusive Zustellung frei Haus. Der Bezugspreis enthält 7% Mehrwertsteuer.
Auslandspreise auf Nachfrage. Postgirokonto Hamburg 132 584 201 (BLZ 200 100 20)
Commerzbank AG, Hamburg, Konto-Nr. 611657800 (BLZ 200 400 00)
Führen in Lesemappen nur mit Genehmigung des Verlages. Printed in Germany

Weitere Titel im Jahreszeiten Verlag: Für Sie, petra, vital, PRINZ, A&W Architektur & Wohnen, COUNTRY, DER FEINSCHMECKER, WEINGourmet, schöner reisen, Zuhause Wohnen, selber machen
Litho: Alphabeta Druckformdienst GmbH, Hamburg. Druck und Verarbeitung: heckel GmbH, Nürnberg,
ISBN: 978-3-8342-0709-8, ISSN 0026-0029 MERIAN (USPS No. 011-458) is published monthly.
The subscription price for the USA is $ 110 per annum. K.O.P.: German Language Publications, Inc., 153 South Dean Street, Englewood NJ 07631. Periodicals postage is paid at Englewood NJ 07631, and at additional mailing offices. Postmaster: send address changes to: MERIAN, German Language Publications, Inc. 153 South Dean Street, Englewood NJ 07631.

JAHRESZEITEN VERLAG
Ein Unternehmen der GANSKE VERLAGSGRUPPE

100 JAHRE GANSKE VERLAGSGRUPPE

TEXTE **Sebastian Schulin, Peter Mayer** REDAKTIONSSCHLUSS **Juli 2007**

MERIAN

TIPPS Was Sie in Nürnberg nicht versäumen dürfen:

- **Die Burg** schafft Überblick über die Stadt – und eine Führung durch das Gebäude mit der romanischen Doppelkapelle bietet ein großes Architekturerlebnis
- **Hauptmarkt** Überbordende Obst- und Gemüsestände unter rotweißen Schirmen und der „Schöne Brunnen" – ein Ort, zwei Highlights
- **St. Lorenz** lockt zum herrlichen „Englischen Gruß" des Veit Stoß und zum fast 20 Meter hohen Sakramentshaus des Adam Kraft
- **St. Sebald** bietet überwältigende Fenster und Peter Vischers Schrein für den Heiligen Sebald
- **Christkindlesmarkt** Glühwein und Lebkuchenduft zaubern Glanz in die Augen der Besucher
- **Neues Museum** Der moderne Bau für Kunst der Gegenwart ist selbst ein Kunstwerk. Eindrucksvoll die gläserne Fassade zum Klarissenplatz
- **Reichsparteitagsgelände** Das neue Dokumentationszentrum im Nordflügel der Kongresshalle arbeitet auf eindringliche Weise die Schrecken der Nazizeit auf
- **Der Club** Unvergesslich, ein Heimspiel der Nürnberger Fußballer zu erleben, die mit dem Ball wieder per Du sind
- **Germanisches Nationalmuseum** 25 000 Ausstellungsstücke des größten deutschen Museums für Kunst und Kultur erfordern viel körperliche Kondition und ästhetischen Spürsinn

Benedikt Wurzelbauers Brunnen von 1589 auf dem Lorenzer Platz: Putten halten Wappenschilde. Darunter setzen sich sechs Tugenden in Szene – obenauf hält die Gerechtigkeit die Waage

Foto: Franz Marc Frei

MERIAN | DIE BURG

Palast für Kurzbesuche

Nie quartierten sich die Kaiser lange auf dem Sandsteinfelsen ein – aber sie kamen oft

Von hier aus wurde die Welt regiert! Auf nacktem Fels (Althochdeutsch: „nuor") bauten die **Salier** im 11. Jh. die erste Burg, die der späteren Stadt ihren Namen geben sollte. An jener Stelle steht heute die Jugendherberge. Westlich davon und noch höher gelegen errichteten die Staufer unter **Konrad III.** und seinem Nachfolger **Friedrich Barbarossa** bis zum Ende des **12. Jhs.** die wesentlichen Teile der heutigen Anlage, die danach immer wieder um- und ausgebaut wurde. Es war eben eine lebendige Burg, in die die Kaiser mit ihrem Gefolge ein- und auszogen (52 Mal kam Karl IV.), zu der eine Burggrafenburg gehörte (der Burggraf war Nürnberger Statthalter des Kaisers und entsprechend unbeliebt) und seit **1377** eine Art Gegenburg der Stadt Nürnberg. Nach den Zerstörungen im Zweiten Weltkrieg mussten drei Viertel der Anlage wiedererrichtet werden. – Auf der klar und gut gemachten Führung (zur Besichtigung obligatorisch) sehen Sie im Palas den weitgehend original erhaltenen „Rittersaal" (12./13. Jh.) und darüber den „Kaisersaal", mit seinen im **16. Jh.** endlich eingebauten Öfen – recht große Räumlichkeiten zweifellos, aber man wird doch nachdenklicher: von hier aus wurde die Welt regiert? Der Kaiser trat in der romanischen „Doppelkapelle" im oberen Geschoss, der Kaiserkapelle, vor seinen Gott; sie wirkt hell und hoch im Vergleich zur darunterliegenden gedrungenen Margarethenkapelle für Untertanen, und man sagt, dass auch das Götterbild nach unten hin ungnädiger blicke. Beachten Sie das kürzlich restaurierte sehr schöne Lindenholzkruzifix, das Veit Stoß zugeschrieben wird. – Der Besichtigungsführer demonstriert sehr eindrucksvoll, wie tief der Tiefe Brunnen ist. Und im kleinen Museum sind Hellebarden und Modelle aus der Sammlung des Germanischen Nationalmuseums ausgestellt; vor allem hat man von dort aus einen fantastischen Blick über die Stadt.

(c 2) Burg 13, Tel. 244 65 90, www.schloesser.bayern.de
tgl. Apr.-Sept. 9-18, Okt.-März 10-16 Uhr; 6 € (ohne Sinwellturm und Tiefen Brunnen: 5 €; nur diese beiden: 3 €)

ALTSTADT
Sebalder Seite

(c 2) **Sebalduskirche**
Allein der Wiederaufbau nach dem Zweiten Weltkrieg ist eine Meisterleistung: die Sebalduskirche wirkt innen wie nie zerstört, mit Patina an Decke und Wänden. Erbaut wurde sie (bzw. das Original) als spätromanische Pfeilerbasilika in sehr kurzer Zeit, ab etwa 1230 bis 1274. Vorbild in vielem, vor allem der Doppelchörigkeit, war der frisch geweihte Bamberger Dom; die Bauhütte der Zisterzienser in Ebrach war an beiden Bauten beteiligt. Im 14. Jh. erfolgten, ebenfalls sehr zügig, einige gotische Umbauten, insbesondere der dreischiffige östliche Hallenchor – vielleicht bemerken Sie, dass er ein wenig nach Norden verzogen ist. Nach 1480 wurden die Türme erhöht. Danach ist, bis auf die wechselnde Innenausstattung, so gut wie nichts mehr verändert worden. Und die Chorverglasungen sind tatsächlich keine Nachahmungen: Die Fenster wurden schon bald nach Beginn des Zweiten Weltkriegs in den Kunstbunker ausgelagert. Ganz im Osten sieht man Kaiser Maximilian I.; dieses und die angrenzenden Fenster (1501-15) aus der Werkstatt des Veit Hirsvogel gehen teilweise auf Entwürfe Dürers zurück. Sie sind zugleich mit die „modernsten" im Ostchor; viele andere wurden im 14. Jh. geschaffen. Aus jener Zeit stammt auch der hölzerne, silberbeschlagene Schrein mit den Überresten des hl. Sebald; das Gehäuse jedoch wurde von 1508 bis 1519 von Peter Vischer und seinen Söhnen aus Messing gegossen. Neben Propheten und Aposteln entdeckt man Götter und Helden der Antike. An der Westseite ist eine Statuette des hl. Sebald, an der Ostseite sind die Vischers zu sehen: beide in einem bewusst altertümlich-gotisierenden Stil gehalten – ein faszinierender Beleg, wie die Renaissance das Mittelalter erledigt.
Winklerstraße
www.sebalduskirche.de
Jan.-März. 9.30-16, Apr., Mai Mitte Sept. bis Dez. 9.30-18 Juni bis Mitte Sept. 9.30-20 Uhr

(c 3) **Frauenkirche**
Am Freitag vor dem 1. Advent steht das Christkind außen auf dem Balkon und eröffnet seinen Markt, täglich um 12 Uhr mittags findet ebenfalls an der Westfassade das „Männleinlaufen" (von 1509) statt: die sieben Kurfürsten huldigen Kaiser Karl IV. Der ließ Mitte des 14. Jhs. die Kirche als Hofkapelle errichten; manche glauben, dass die Entwürfe von Peter Parler, dem Prager Dombaumeister, stammen. Ursprünglich sollten die Reichskleinodien hier, in der Mitte der vier Rundpfeiler, aufbewahrt werden. Beachtenswert: das Pergenstorffersche (Peringsdörffersche) Epitaph von Adam Kraft (um 1498, Nordwand). Dieses stammt wie fast der gesamte Rest der heutigen Innenausstattung aus anderen Kirchen, weil die Protestanten 1810 beim Verkauf der Frauenkirche ans katholische Bistum Bamberg bis auf die nackten Mauern alles mitnahmen. Dass die auf blutigem Boden errichtet worden waren, wird den Kirchenbesuchern nicht verheimlicht: Hier stand die Synagoge, bis sie im Dezember 1349 dem Erdboden gleichgemacht wurde, zusammen mit den Häusern der Judensiedlung, die dem Markt weichen mussten. So hatte es der Patrizier Ulrich Stromer beantragt, so hatte es Karl IV. in Prag am 16. November genehmigt. 19 Tage später, also wohl unmittelbar nach

Romanische Doppelkapelle der Burg: Vier Säulen umrahmen die Öffnung des Gewölbes zur oberen Etage

dem Eintreffen dieser „Markturkunde", schlugen die Nürnberger Christen die Nürnberger Juden tot oder verbrannten sie. Das Informationsblatt der Frauenkirche will wissen, dass jene „bis dahin judenfreundlich" gewesen seien und stellt Karl IV. als Alleinschuldigen dar – wer fühlte sich da nicht an die Legende von den ähnlich verführten Deutschen 33/45 erinnert? Die rissen am 10. August 1938 die Hauptsynagoge am Hans-Sachs-Platz ab und zerstörten am 9. November 38 die Synagoge in der Essenweinstraße. Seine kriegszerstörten Gebäude, zum Beispiel die Frauenkirche, baute Nürnberg liebevoll wieder auf. Und die Synagogen?
Hauptmarkt
www.frauenkirche-nuernberg.de
Mo-Fr 9-18 (Mi bis 19), Sa 9.30-18.30, So 12.30-19 Uhr

(c 2) Felsengänge

Bekanntlich wurde die Stadt schwer zerstört; dabei kamen 1500 Zwangsarbeiter und Kriegsgefangene ums Leben. Dass hingegen die Zahl der Opfer aus der Nürnberger Bevölkerung vergleichsweise niedrig ist (6100), ist den Felsenbunkern zu verdanken, in denen 35 000 Menschen (manche sprechen sogar von 50 000) die Bombardierungen überstanden. Solche unterirdischen Anlagen bestehen seit mindestens 650 Jahren. Zur kühlen Lagerhaltung und vor allem zur Verlangsamung des Gärprozesses des Bieres wurden die Keller in den Sandstein geschlagen – jeder für sich. Wenn man heute, direkt hinter dem Albrecht-Dürer-Denkmal, in die Felsenkeller steigt (Karte unbedingt vorher im Brauereiladen, Bergstr. 19, besorgen!), kann man sie in langen Gängen und auf inzwischen vier Ebenen durchqueren: seit etwa 200 Jahren sind die Keller geöffnet und vereinigt worden. Auf Sohle 4 steht man in immerhin 13 m Tiefe und staunt, dass das Lüftungssystem nach wie vor tadellos funktioniert. Schon vor Jahrhunderten war den Nürnbergern genau vorgeschrieben, wie die Lüftungsschächte im Verhältnis zu den Häusern anzulegen sind, damit die Sonne-Schatten-Verhältnisse einen optimalen Sog erzeugen. Wie genial die Nürnberger mittels Lochwasserleitungen ihr ewiges Wasserproblem gelöst haben, erfährt man in der besonders eindrucksvollen Kasemattenführung, zu der man frühzeitig erscheinen sollte: Mehr als zehn Personen werden nicht mitgenommen. Und denken Sie an einen Pulli: Selbst im Sommer sind 6 bis 8 °C nur am Anfang angenehm.
Bergstr. 19, Tel. 22 70 66
www.felsengaenge-nuernberg.de
Felsenkeller: tgl. 11, 13, 15, 17 Uhr; 4,50 €
Kunstbunker: tgl. 15 Uhr; 4,50 €
Kasematten und Lochwasserleitung: Apr.-Okt. tgl. 17 Uhr; 6 €
Weltkriegsbunker: Besichtigung nur in der ersten Januarwoche

(c 2) Rathaus

Eine angenehm nüchterne, regelmäßige Fassade (1622), die wegen der nahen Sebalduskirche allerdings wenig zur Geltung kommt. In einem kleinen Raum nördlich der Eingangshalle werden Nachahmungen der Reichskleinodien ausgestellt (Eintritt frei). Beim großdimensionierten Umbau Anfang des 17. Jhs. wurde das alte gotische Rathaus von 1332-40 geschickt integriert: darin befand sich der mit 39 mal 12 Meter gewaltigste profane Saal seiner Zeit, seit 1521 mit Wandmalereien von Dürer. All dies wurde 1945 zerstört. Der historische Rathaussaal ist vor rund 20 Jahren (wenn auch ohne Wandbemalung) wiederhergestellt worden und kann zu seltenen Zeiten besichtigt werden. Umso häufiger sind die beim Umbau im frühen 17. Jh. belassenen Lochgefängnisse zu begehen, in denen der heutige Besucher wünscht, er könnte sie mit einer festeren Gewissheit als Zeugnisse überwundener Vergangenheit betrachten.
Rathausplatz 2
Rathaussaal: Aug. (sowie an jew. einem Wochenende im Juni, Juli und Sept.) Sa/So 10-13 Uhr, nur mit Führung Tel. 24 13 93
www.altstadtfreunde-nuernberg.de
Lochgefängnisse: Feb., März, Nov. Mo-Fr 10-16.30 Uhr, Apr.-Okt. u. Advent tgl. 10-16.30 Uhr, Jan. geschl.; nur mit Führung; 3 €
Tel. 231 26 90, www.museen.nuernberg.de/lochgefaengnisse

(c 3) Heilig-Geist-Spital

An einer gewaltigen Kette hängt die Truhe mit den Reichskleinodien (Krone, Szepter, Reichsapfel und anderes) und den Reichsheiltümern (etwa die Lanze mit Nagel vom hl. Kreuz oder ein Zahn Johannis des Täufers) vom Chorgewölbe der Heilig-Geist-Kirche herab. So sieht man es auf einem Bild im Rathaus. Von den Reichsheiltümern ist nur noch der Schrein

MERIAN | TIPP

Stadtführungen

Umfassend: Die ganze Altstadt in 2 Stunden! Und **Kinder** ab 5 erleben das Mittelalter.
tgl. 13.30 Uhr, 7 €; Kinderführung: Mai-Okt So 11 Uhr, 4 €
Treffpunkt: (c 2) Hauptmarkt, Tourist-Information, Tel. 233 61 23
www.nuernberg-tours.de

Auf der Tour der **Nachtwächterin** erläuft man Nürnberg „voll Kurtzweyl und mit Gesang".
März-Sept. 21, Okt.-Dez. 19 Uhr; meist Fr, Sa, im Advent tgl.; 6 €; Treffpunkt: (c 2) Hauptmarkt, Schöner Brunnen, Tel. (091 41) 99 72 07
www.nachtwaechterin.de

Vife Historiker zeigen „Liebe, Lust & Laster", „Kriminalgeschichte" oder „Rotes Bier und blaue Zipfel". Auch kluge Führungen übers Reichsparteitagsgelände.
versch. Termine, Tel. 30 73 60
www.geschichte-fuer-alle.de

Von den Nürnbergern als Ausguck gebaut: der Luginsland-Turm

MERIAN | SPIELZEUGMUSEUM

Toy, toy, toy

Kindersehnsucht, Kinderglück – das Traumhaus der Kleinen hat vier Stockwerke voller Zaubertand

Die Puppenküche der Gebrüder Bing von 1882 erwarb das bayerische Königshaus. Eine Blechlimousine musste auch um 1930 schon mal an die „Tankpumpe"

Die „Masse" macht's. So heißt ein Gemisch aus Holz- und Roggenmehl, Kaolin, Leim und ein paar Firmengeheimnissen, aus dem sich Ritter und preußische Lange Kerls, aber auch Viehherden modellieren lassen – und vor allem Soldaten an den Weltkriegsfronten. Diese „Aufstellfiguren" verdrängten seit dem 19. Jahrhundert Zinnfiguren aus den Kinderzimmern, wie sie Ende des 18. erstmals in den Gießereien der Familien **Hilpert** aus Nürnberg und **Lorenz** aus Fürth hergestellt worden waren. Heute füllen Massen aus Masse, aus Blei („Dickfiguren") und Zinn die Vitrinen im ersten Stock des Spielzeugmuseums, jenem „Traumhaus" an der Karlstraße. Hier drücken sich Kinder rote Wangen an den Schaukästen, Eltern kommt der Bauernhof oder die Puppenstube in den Sinn, die sie nie geschenkt bekamen, und Opa entdeckt den Blechtraktor, Marke „Technofix" wieder, den die Gebrüder **Einfalt** aus Nürnberg im Jahr **1929** auch für ihn produziert haben.

Die überbordende Sammlung zeigt Spielzeug von der Antike bis zur Gegenwart – das meiste „Made in Nürnberg". In der Stadt an der Pegnitz fertigten bereits im 14. Jahrhundert „Dockenmacher" Figuren aus Ton und Holz. „Nürnberger Tand geht durch alle Land" – der Slogan war berechtigt. Ende des 18. Jahrhunderts erschien mit **Bestelmeiers** „Magazin" der erste Versandkatalog für Spielwaren. Blütezeit der Spielwarenproduktion waren die Jahre zwischen **1900** und **1914** – der bürgerlichen Gesellschaft ging es gründerzeitlich gut, und selbst in der Puppenstube wurde von goldenen Tellern gegessen. Nach dem Krieg verdrängten Fabriken die vielen kleinen Manufakturen. **1950** war erstmals Internationale Spielwarenmesse im noch weitgehend zerstörten Nürnberg – im Museum ist eine Trümmerkulisse der Stadt zu sehen, „aufgebaut" aus Teilen eines Baukastens von **Märklin.** Den Fundus der Fantasie zusammengetragen haben **Lydia** und **Paul Bayer**. Tochter Lydia, als Kind im Überfluss spielend, teilte die Passion ihrer Eltern, sammelte weiter und wurde die erste Leiterin des Museums, als die Nürnberger mit Gespür für publikumswirksame Highlights die Schätze übernommen hatten. Holz herrscht im Erdgeschoss, neben exotischen Raritäten auch „erzieherisch Wertvolles", wie es schon um **1900** den Kindern zugemutet wurde.

Tom heißt der Blechakrobat am Seil

Auf vier Etagen erschließt sich als Imitation der Welt der Großen eine Wunderwelt im Kleinen. Da fährt die Straußenpost durch Kamerun, der Einspänner gezogen von einem hochbeinigen Laufvogel. Die Firma **Lehmann** hatte Autos im Sortiment, die AHA und OHO hießen wie die Trinksprüche der Schlaraffen, deren Mitglied der Firmengründer war. Puppenküchen durchlaufen kulturgeschichtliche Trends bis zum Einbaumodell, der „Frankfurter Reformküche" aus den zwanziger Jahren des 20. Jahrhunderts.

Die ganze Knopfaugenwelt der Puppen vom Rokoko bis zur Barbie-Zeit ist dargeboten, ferner Blechaffen und Plüschteddys, Eisenbahnen, Dampfmaschinen, denen **Esbit** Dampf im Kessel machte und eine Reichsautobahn von **Tipp & Co** aus dem Jahr **1938**.

Franz Walther aus Berlin ließ sich **1904** das Konstruktionsspiel „Stabil" patentieren. „Durch Stabil zum Ingenieur" lautete die Devise für seinen Metallbaukasten. Der Versuch mit „Stabila" für Mädchen ging leider in die Hose: Keine wollte mit Wolle und Draht Wäschekörbchen basteln.

(c 3) Sebald, Karlstraße 13-15, Tel. 231 31 64
www.spielzeugmuseum-nuernberg.de
Di-Fr 10-17, Sa/So 10-18, im Advent auch Mo 10-17 Uhr; 5 €

da (im Germanischen Nationalmuseum) und von der Kirche nur noch eine Wand. Das Heilig-Geist-Spital konzentriert sich wieder auf die Aufgabe, für die es der Händler und Spekulant Konrad Groß im 14. Jh. stiftete: die Unterbringung von Alten und Kranken; ein Studentenwohnheim ist dazugekommen. Rekonstruiert wurde der Zustand des 16. Jhs. mit den gewaltigen Gewölbebögen über der Pegnitz. Sie betreten den Gebäudekomplex von der Spitalgasse beim Zugang zum Restaurant. Im kleinen Innenhof spielt der „Hansel" an einem Brunnen Schalmei (das Original steht im Germanischen Nationalmuseum). Gehen Sie vor dem Lokal die Treppe links hoch und treten Sie durch eine ungekennzeichnete Tür. In dem schönen, ruhigen sogenannten Kreuzigungshof (mit Café des Seniorentreffs) steht eine Kreuzigungsgruppe (1506) von Adam Kraft, mit gewaltigem Schnäuzer der Schächer zur Rechten. Dahinter zwei Tischgräber aus der ehemaligen Kapelle. Das Steinbildnis des Stifters Konrad Groß (1356) hat sehr weibliche Züge; die Deckplatte tragen acht Trauernde.

Spitalgasse

Ein anderer Zugang führt von der Ostseite zwischen den beiden Pegnitzbrücken durch eine Toreinfahrt. Geöffnet bis 18 Uhr

(c 2) **Weißgerbergasse**

Hier ist das alte Straßenbild eindrucksvoll erhalten beziehungsweise wiederhergestellt, manche Fachwerkgebäude erst kürzlich wie die Nr. 10. Dieses Haus wurde nach Erich Mulzer benannt, dem 2005 verstorbenen, gar nicht genug zu rühmenden Gründer des Vereins Altstadtfreunde. Dutzende von Baudenkmälern vermochte der Verein seit den 70er Jahren zu retten – was nicht einfach war, denn selbst im doch wahrlich schon genug zerstörten Nürnberg waren Abrisse und Neubauten nicht verpönt. Altstadtfreund Mulzer wohnte übrigens sein Leben lang in einer Neubausiedlung – damit ihm niemand unterstellen konnte, er kämpfe um die alten Häuser zum eigenen Vorteil.

www.altstadtfreunde-nuernberg.de

(c 2) **Füll**

Der Straßenname deutet es an: Im Bereich der Füll (und ihrer westichen Verlängerung, der Lammsgasse, früher „Hintere Füll") verlief der erste Stadtgraben, der dann aufgefüllt wurde. Schöne Häuser, ein Schwan bei Nr. 12 und die nürnbergtypischen „Glöcklein" (Erkerhäuschen) bei Nr. 6, 8, 12, 14. An der Ecke zum Sebalder Platz ist das Pfarrhaus (1361) bemerkenswert.

(c 2) **Egidienkirche**

Eine Kirche mit einer langen Geschichte und vielen Eigentümlichkeiten. Ihr Bau wurde nicht von einer Kirchengemeinde, sondern vom Rat beschlossen und finanziert, errichtet wurde das barocke

MERIAN | MEISTERSINGER

Hast du Töne?

Über einen Herrenklub, der in seiner Freizeit nach strengen Regeln Reime suchte

„Hans Sachs nimmt Fräulein Knittel das Versmaß" lautet der Titel der kolorierten Federzeichnung von Michael Mathias Prechtl

Es gab Meistersinger in Mainz, Straßburg, Augsburg, Breslau, Memmingen – und Nürnberg. Und es gibt „Die Meistersinger von Nürnberg" von Richard Wagner, die Oper in drei Aufzügen. Sie spielt am Johannistag Ende Juni, da „freit ein jeder wie er mag... da gibt's Geschlamp und Geschlumbfer". Die tatsächlichen **Meistersinger in Nürnberg** existierten als Verein mit Satzung, in dem nach strenger „Schulordnung" gedichtet wurde. Verpönt war die Begleitung auf Instrumenten, verboten war, Meisterlieder, die immer in ungerader Strophenzahl geschrieben waren, zu drucken. Meistersinger mussten keine Meister sein, trafen sich in der „Singschule", trugen ihre Verse vor und ließen sich von einer Jury bekritteln. Exakt waren die „Töne", das heißt die Strophen- und Melodienformen, vorgegeben. **Hans Sachs,** von dem mehr als 4000 Lieder überliefert sind, hat dafür 275 Töne verwendet und nur 13 selbst erfunden. **1494** wurde der Sohn eines Schneidermeisters geboren. Er lernte Latein, machte mit 15 eine Schuhmacherlehre, ging auf die Wanderschaft. Sachs machte seinen Meister, heiratete, hängte sein Handwerk an den Nagel und dichtete nur noch. Als seine Frau starb, ehelichte er eine Witwe mit sechs Kindern, seine eigenen sieben waren alle schon tot. Er selbst wurde 81 Jahre alt. Zu seiner Zeit zählte der Klub rund 250 Mitglieder, unter ihnen Taschenmacher Hans Vogel, Pfarrer Michael Lorenz oder Färber Jörg Fechner. Gut 100 Jahre lebte die Tradition noch, die letzte „Singschule" fand **1774** statt.

Gebäude bis 1718 vom Stadtbaumeister, und das Innere prunkte mit prächtigen Stukkaturen eines italienischen Meisters – doch eher ungewöhnlich für eine protestantische Kirche. Zugleich birgt sie den ältesten erhaltenen Kirchenraum der Stadt, die Euchariuskapelle von 1130 – leider ebenso wie die Wolfgangskapelle (1437, mit Veit-Stoß-Altar) so gut wie nie zugänglich. – Nach der Zerstörung bis 1959 wiederaufgebaut, aber das Innere ist ohne Schmuck geblieben, nur weiß, sandfarben und grau gestrichen – nackte romanische oder gotische Kirchen können sehr erhaben wirken, dieser leere Barockbau ist nur leer.
Sebald, Egidienplatz
www.egidienkirche.de

(d 2) Tucherschloss mit Hirsvogelsaal

Sie nennen es „Nürnbergs Renaissance-Insel": Seit kurzem ist der reichgeschmückte Saal der Familie Hirsvogel als Gartenhaus in das Sommeranwesen der Tuchers integriert worden. Die hatten sich ihr Schlösschen 1544 in einer kuriosen Mixtur aus mittelalterlichen Versatzstücken und Renaissance-Eleganz errichten lassen. Die Weltläufigkeit der Handelsfamilie wird an Stücken wie dem „Vitzliputzli" deutlich, einem grimmigen Kultgegenstand, erworben gleich zu Beginn der Eroberung Mexikos. Sehr liebevoll sind die Wohn- und Repräsentationsräume eingerichtet, mit hübschen Details wie einer vergessenen Schürze überm Sessel. Den Hirsvogelsaal erleben Sie am besten während eines Kammerkonzerts.
Hirschelgasse 9-11
Tel. 231 83 55, www.museen.nuernberg.de/tucherschloss
Mo 10-15, Do 13-17, So 10-17 Uhr (Di, Mi, Fr, Sa geschl.); 5 €

ALTSTADT
Lorenzer Seite

(c 3) Lorenzkirche

Der Platz zur Königstraße am Westbau der Kirche ist einer der lebendigsten der Stadt, mit Gauklern, vielen jungen Leuten (das liegt wohl auch am großen „Müller"-Drogeriemarkt gegenüber) und einer weiten Sicht über die Museumsbrücke hinweg auf das Burgpanorama. Noch mehr wird das Auge fast von der großen Rose angezogen, ihr Durchmesser beträgt mehr als 10 Meter. Darunter das Hauptportal, dessen Bildergeschichte von unten nach oben zu lesen ist: von der Geburt Christi über die Passion bis zur Kreuzigung, um ihn die auferstehenden Toten, geteilt nach Seligen und Verdammten. Die meisten der Statuen aus der Mitte des 14. Jhs., etwa die Verkündigungsengel oder der hl. Lorenz, stehen im Original im Germanischen Nationalmuseum. – Das Hauptportal ist verschlossen, man betritt die Kirche durch eine Pforte an der Südwestecke. Die Mauern zwischen Mittel- und Seitenschiffen sind aus großen, nackten Quadern rötlichen Sandsteins, haben die Anmutung der Nürnberger Häuserfronten; und jetzt wird auch klar, weshalb einem die Wohnstraßen dieser Stadt immer einen so unnahbaren Eindruck machen: Das Material hat nicht das richtige Maß, scheint sich für Kaiser und Götter, aber nicht für einfache Bürger zu eignen. – Baubeginn der hochgotischen Basilika war vermutlich um 1260, als sich abzeichnete, dass im Bereich der bisherigen kleinen, von Fürth abhängigen Lorenzkapelle eine selbständige Pfarrei entstehen würde. Gegen 1400 war der Bau der Pfarrkirche mit der Vollendung des Südturms vollbracht, beendet waren die Arbeiten damit aber nicht: Bald (bis 1430) wurde die Außenwand versetzt, um Platz für Kapellen wohlhabender Familien zu schaffen, und in der zweiten Hälfte des 15. Jhs. setzten die Lorenzer einen großen östlichen Hallenchor an. Das konnten sie sich leisten, weil sie darauf verfallen waren, vom Wallfahrtskuchen, den die

HEUER & SACHS
SCHÖN DURCH DIE WELT
BROWSEN: WWW.MERIAN.DE
Erleben Sie Inspirationen und Informationen auf einen Klick: MERIAN online begleitet Sie zu über 5.000 Reisezielen weltweit und bietet spannende Reiseberichte, umfassende Beschreibungen, interessante Routen und exklusive Tipps. Zusätzlich finden Sie im Shop alle MERIAN Produkte sowie ausgewählte Reiseliteratur. Browsen Sie los: WWW.MERIAN.DE
MERIAN
online
Die Lust am Reisen

MERIAN | GERMANISCHES NATIONALMUSEUM

Labyrinth der Kultur

Aufregend und anstrengend ist die Entdeckungstour zu 25000 Ausstellungsstücken

Es ist „eine höchst problematische Natur, ein offenbares Geheimnis, das aber nichtsdestoweniger schwer zu lösen, weil es so offenbar ist", sagt der germanische Nationaldichter Goethe in einem anderen Zusammenhang und hätte damit das umschreiben können, was als „offenbarer Geheimtipp" zu bezeichnen ist. Denn warum nur geht niemand in das berühmteste Museum Nürnbergs? Liegt es an dem Namen, an dem die Leitung nibelungentreu festhält? Er sollte einst ausdrücken, dass man sich hier nicht von real existierenden Grenzen einschränken lassen mochte, weder von Nürnberger Arroganz noch von fränkischer Borniertheit, noch von königlich bayerischem Stolz.

Oder liegt es daran, dass der Besucher immer mehr dressiert ist, auch in Museen darauf zu vertrauen, dass ihm alles vorgesagt wird, beim Rundgang mit einer Big-Brother-Stimme am Ohr oder am besten gleich von vornherein in einem abgedunkelten Multivisionssaal, durch dessen Schau er sich das ungeschützte Vis-à-vis mit Originalwerken erspart?

Das **Germanische Nationalmuseum** erspart einem nichts, überwältigt mit der schieren Menge, zeigt gleichrangig das Banale neben dem Genialen. Rauskriegen, welches von beiden welches ist, muss man selbst. Würde einmal ein weniger versperrender Name gesucht, hier ein Vorschlag: Europäisches Kulturlaboratorium. Inhaltlich wäre das nicht übertrieben. Was derjenige erlebt, der das Experiment wagt und nicht allein der Top Ten* der Ausstellungsstücke seine Aufwartung macht, ist einer Expedition in einen nur an den Rändern bekannten Kontinent gleich. Immer wieder entdeckt man noch eine unscheinbare Tür, noch einen undeutlich beleuchteten Gang, durch die man in eine wieder ganz andersartige Gegend geleitet wird. Da tauchen Musikinstrumente auf, eine wilde Serpent etwa, die den dumpfen Ton erst unwillig nach fünffacher Krümmung entlässt; daneben eine in der Unendlichkeit endende Reihe von Tasteninstrumenten, vom zirpenden Spinett bis hin zu donnernden Hammerklavieren. Ein Satz Schachfiguren, kleine helle Quader, auf wenige wesentliche Kennzeichen reduziert. Dann wieder ist man in der steinernen Enge einer gotischen Kirche gefangen, mit dräuenden Marterbildern wohin man schaut. Nicht weit entfernt warme Nürnberger Wandteppiche, Spitzwegs „Armer Poet" und ein riesiger Feuerbach-Schinken, Ritterrüstungen, ein Satz Schachfiguren, kleine helle Quader, auf wenige wesentliche Kennzeichen… waren wir hier schon gewesen? Nein, die ersten wurden im 10. Jh. bei Erlangen aus Bein geschnitzt, die anderen zehn Jahrhunderte später vom Bauhaus-Künstler Josef Hartwig entworfen: So stellen sich unversehens Bezüge her, neben denen, die von den Kuratoren bedächtig und immer aufs neue vorgeschlagen werden. Jetzt ist man dabei, eine ununterbrochene Verbindung von der Vor- und Frühgeschichte bis zum Jahr 1400 zu schaffen, bei der alles gleichwertig nebeneinandersteht, Kunst, Handwerk, Hacke und Waffe. Eine faszinierende Idee – das heißt, alles wird doch nicht in die Chronologie eingereiht werden, die Musikinstrumente etwa bleiben beisammen. Und man kann sich vorstellen, wie in fünfzig Jahren die Kuratoren auf die faszinierende Idee kommen werden, alles nach Themengebieten statt in Zeitenfolge zu ordnen. Beides hat seine Richtigkeit. Das Wichtige bleibt die Fülle des Materials, die einlädt, selbst seine Verbindungen ziehen zu können, sei es beim Verweilen in nur einem der Säle oder bei der ziellosen, immer fündigen Entdeckungsreise auf der Spur der offenbaren Geheimnisse, hier in dem Museum der Museen.

Ausstellungsstück: Haube des 17. Jhs. aus Flindern (Kupferplättchen)

Aus einem Stück vor über 3000 Jahren getrieben, 88,3 cm hoch: der Goldkegel von Ezelsdorf

***Top Ten des Gemanischen Nationalmuseums**

(in chronologischer Folge)
Goldkegel von Ezelsdorf, *11. Jh. v. Chr.*
Adlerfibel von Domagnano, *500*
Erdglobus von Martin Behaim, *1492*
Schlüsselfelder Schiff, *1503*
Nürnberger Madonna, *1515*
Dürer: Bildnis des Michael Wolgemut, *1516*
Meister HL: die hll. Johannes der Evangelist und Johannes der Täufer, *1525*
Rembrandt: Selbstbildnis mit Halsberge, *1629*
Stromersches Modellhaus, *1639*
Wassily-Sessel von Marcel Breuer, *1925*

(c 3/4) Lorenz, Kartäusergasse 1, Tel. 133 10, www.gnm.de *Di-So 10-18, Mi 10-21 Uhr; 6 € (Mi ab 18 Uhr frei)*

Auch das ehemalige Karthäuserkloster ist heute Schauplatz der Schätze des Germanischen Nationalmuseums

Sebalder bislang für sich genossen, auch ein gutes Stück abzubekommen: Sie stellten für zahlungskräftige Pilger die Gebeine des hl. Dietger aus, der bei Augenleiden angerufen wird. – Am Übergang zum erweiterten Chor hängt vom Gewölbe der „Englische Gruß" herab, Veit Stoßens einzigartige Verherrlichung der Verkündigungsszene (1518). Man beachte, wie die Taube, Sinnbild des hl. Geistes, auf dem Kopf Marias (die übrigens um ein weniges größer ist als der Engel) exakt in dem Winkel steht, den der Strahl aus Gottes Schoß einnimmt. – Die Rose, die schon außen imponierte und die in Gestalt eines nicht kreisrunden Rosenkranzes den „Englischen Gruß" umgibt, findet man ein weiteres Mal beim mächtigen Kruzifix auf dem (Triumph-)Bogen am Choreingang, mit den 12 dornigen „Rosetten" und den drei Dutzend kleinen Zweigen mit Blüten (Ende 14. Jh.). – Schließlich im Chor das Sakramentshaus (1496): Rund 20 Meter hoch, endet der filigrane Hostientresor in einer Spitze, die sich wie ein Gewächs an die Gewölberundung schmiegt und suggeriert, dass sie noch weiter wachsen könnte. Doch man blickt bald nicht mehr hoch, sondern ihn an: ihn, der auch uns, zwar von unten, aber stolz ins Gesicht schaut, ihn, der sich von allen heiligen und göttlichen Figuren des Sakramentshauses dadurch abhebt, dass er als Einziger bemalt ist, mit seinem lockigen schwarzen Bart: Adam Kraft, der geniale Schöpfer des Werks. – Alles andere, nicht zuletzt die wunderbaren, zum großen Teil originalen Glasfenster, entdecken Sie bitte selbst; das meiste wartet seit einem halben Jahrtausend auf Sie, nehmen also auch Sie sich etwas Zeit.
Lorenzer Platz
www.lorenzkirche.de
Mo-Sa 9-17, So 13-16 Uhr

(c 4) U-Bahn-Station Opernhaus
Ganz Nürnberg ist aus Sandsteinblöcken erbaut, 32 Sandsteinbrüche gab es rund um die Stadt. Welchen Farbreichtum der Stein bietet, sieht man an den Wänden dieser Station, bei der die verschiedenen Arten, von gelblich weiß über rötlich bis braunschwarz, durcheinander verbaut wurden. Schärft den Blick auf Nürnberger Fassaden.
Frauentorgraben, beim Richard-Wagner-Platz
Auch vom Stadtgraben aus einsehbar

Stadtgraben
Den Weg durch den Stadtgraben findet man natürlich ohne Hilfe, aber es ist schön, dass ein halboffizielles Umweltprojekt viele Informationen entlang der Strecke gibt – einschließlich Hinweisen, wo man am besten den Fotoapparat zückt. Besonders angenehm im heißen Sommer ist der Burggraben mit seinen alten, großen Nuss- und Kastanienbäumen – die „Nürnberger Nachrichten" titelten zu Recht: „Nürnberg hat Schattenseiten – aber was für schöne!"
Rund um die Altstadt
www.stadtgraben.nuernberg.de

MUSEEN

(c 3/4) Germanisches Nationalmuseum
Siehe links.

(c 2) Stadtmuseum Fembohaus
Es beginnt im vierten Stock. Dort steht ein hölzernes Stadtmodell im Maßstab 1:500, wie es liebevoller und genauer nicht hätte ausgeführt werden können. Nicht nur die äußere Form jedes Hauses der Altstadt, sondern die Details jeder einzelnen Fassade, heißt es, seien nach dem Original oder genauen Fotografien geschnitzt worden, und man glaubt es. Die unbezahlbare Fleißarbeit, veranlasst unter den Nazis, war pünktlich zum Beginn des Krieges vollendet, durch den sie die „deutscheste" zur kaputtesten aller deutschen Städte machen sollten. Eine sinnvolle zehnminütige Schau, das „tönende Stadtmodell", fokussiert einzelne Häuser und Gebiete und erzählt pointiert ihre Geschichte. Von der erfährt man in den folgenden Stockwerken Genaueres, von Nürnberger Tuch- und Waffenindustrie, dem Gewürzhandel, dessen Erfolg nicht zuletzt auf der „Nürnberger Schau" beruhte, der städtischen Gewichts- und Qualitätskontrolle. Und man lernt Näheres über die erstaunlich reibungslos und lange funktionierende Diktatur des Patriziats. Dessen Lebensstil lässt sich in aufwändig rekonstruierten Prachträumen erahnen. Die Inneneinrichtungen, mit Nussbaum- und Welleneschekassettenwänden oder vollplastischen riesigen Stuckfiguren an den Decken, waren im Krieg ausgelagert und sind meist alles, was von den Häusern noch existiert – nur das Fembohaus selbst ist als einziges Bürgerhaus der Spätrenaissance erhalten geblieben. – Im Erdgeschoss die „Noricama", ein einstündiges Multivisionsevent zu Nürnbergs Geschichte.
Sebald, Burgstraße 15
Tel. 231 25 95, www.museen.nuernberg.de/fembohaus
Di-Fr 10-17, Sa/So 10-18 Uhr, Dez. auch Mo 10-17 Uhr; 5 €

(c 2) Albrecht-Dürer-Haus
Durch die vom Vater schlau arrangierte Heirat mit einer Patrizierstochter und deren wirtschaftliches Geschick konnte Dürer den ihm gebührenden Ruhm und Wohlstand erleben – man sieht es dem eindrucksvollen viergeschossigen Bau (15. Jh.) in bester Lage schon von außen an. Originale aus Dürers Hand findet man hier nicht (die gibt es in Nürnberg nur im Germanischen Nationalmuseum). Spannend die Holzschnittdruckpresse und die Farbherstellung, großartig präsentiert von Gisela Brandstätter, die zuweilen Führungen als „Agnes Dürer" macht und so lebendig, wie sie sie darstellt, dem armen Albrecht viel eher zu gönnen gewesen wäre als seine wirkliche Frau, „die so nagend, argwöhnisch und keifend ist, dass der Mann weder Tag noch Nacht Ruhe findet" (so das Zeugnis seines Freundes Pirckheimer).
Sebald, Albrecht-Dürer-Str. 39
Tel. 231 25 68
www.museen.nuernberg.de/duererhaus *Di-So 10-17, Do bis 20 Uhr, Jul.-Sept. u. Advent auch Mo 10-17 Uhr; 5 €*

(E 6) Dokumentationszentrum Reichsparteitagsgelände
Bayernstr. 110
www.museen.nuernberg.de/dokuzentrum/index.html *Mo-Fr 9-18, Sa/So 10-18 Uhr; 5 € (ermäßigt 2,50 €). S. S. 84.*

(c 3) Spielzeugmuseum
Siehe S. 108.

(e 2) Museum Industriekultur
Die Geschichte Nürnbergs nach den Erniedrigungen im 18. und anfangs des 19. Jh.s ist die Geschichte der Industrialisierung: Während die Romantiker in ihr „Nuremberg-la-Morte" allerlei schwüle Mediävalfantasien hineingeheimnissten, ging es rund um die Altstadt handfest zur Sache. Auch sie blieb nicht unberührt, in die Stadtmauer wurden für den steigenden Verkehr eilends neue Tore geschlagen (ab etwa 1840 sieben Stück in zwei Jahrzehnten), die meist kurz darauf ganz freien Zufahrten weichen mussten. Vor allem aber änderte sich das Bild in den neuen Industrie- und Arbeiterstadtteilen im Westen und Süden der Stadt. Davon zeugen eindrucksvoll die Fotografien

MERIAN | CHRISTKINDLESMARKT

Leiser Trubel

Es ist Advent, der Glühwein duftet – und in den Augen jedes Besuchers glänzen Lichter

Das Christkind trägt am liebsten Jeans. Für den Dienst allerdings muss Eva Sattler ein schweres glitzerndes Gewand, eine lange, lockige, goldene Perücke und eine große Krone anziehen, während der Adventszeit fast 200-mal. Als weihnachtlicher Geschenkeüberbringer angeblich von Martin Luther eingeführt, zum Eröffnungsredner des Weihnachtsmarkts von den romantikfanatischen Nationalsozialisten ernannt und seit einigen Jahrzehnten auch noch mit Flügeln versehen: der Gottessohn hat eine Menge seltsamer Transformationen mitmachen müssen, damit er als 16-jähriges Mädchen leibhaftig die Menschen beglücken kann. Volkskundler sind begeistert, das Entstehen eines neuen Mythos miterleben zu können, noch begeisterter sind aber die meisten Kinder: Das Christkind ist lieb und schön, nicht so eine angsteinflößende, lärmige Bärengestalt wie der Weihnachtsmann. Und das Wunder geschieht: Auch **Christkindles Markt** hat wenig oder nichts vom Radau des „Santa"-Rummels anderer Städte, wo gnadenlos die Lautsprecher dröhnen. Hier nicht, denn es gibt keine. Auf einer kleinen Bühne vor der Frauenkirche singen **Kinderchöre aus aller Welt** ihre Weihnachtslieder, mehr Musik gibt's nicht. Und auch kaum Plastik: Das Marktamt wacht streng darüber, dass die Stände in dem „Städtlein in der Stadt" wirklich nur „aus Holz und Tuch gemacht" sind – Kunststofftannengirlanden sind verboten. Umso mehr kann man sich auf die Auslagen konzentrieren. Die sind – ein weiteres Wunder – wunderschön. Alles für den Kaufmannsladen etwa, winzige Früchte und Waschpulverpackungen, Säcke und Kellen; Glockenspiele und Mobiles; Christbaumschmuck aus Glas und Stroh; die befremdlichen Zwetschgenmännlein; Kerzen, Rauschgoldengel, Räuchermännchen; Süßigkeiten; Spieluhren; Krippenbedarf. Dazwischen immer mal wieder Lebkuchen, Glühwein und Bratwürste. Doch, es ist sehr voll. Aber ohne jegliche Hektik.

Eva Sattler hatte schon als Siebenjährige den Traum, einmal Christkind zu sein. Eine schöne Sache, von aller Welt angehimmelt zu werden. Aber auch unendlich schwer für eine 16-Jährige, Sterbende zu besuchen oder von einem kleinen Jungen angefleht zu werden, doch bitte den toten Vater wiederzubringen. 2006 endete ihre zweijährige Dienstzeit, im Herbst 2007 wird ein neues Christkind gewählt, das am Freitag vor dem 1. Advent wieder auf den Balkon der Frauenkirche treten wird: „Das Christkind lädt zu seinem Markte ein / Und wer da kommt, der soll willkommen sein."

(c 3) Hauptmarkt *Fr vor 1. Advent bis Heiligabend*
Mo-Do 9.30-20 Uhr, Fr/Sa 9.30-22 Uhr
So 10.30-20 Uhr (Heiligabend bis 14 Uhr)
Auf dem Rathausmarkt ist zudem ein „Markt der Partnerstädte", mit Ständen aus Nizza, Prag, Venedig und 14 weiteren Orten.

Mehr Einstimmung auf Weihnachten geht nicht: der Christkindlesmarkt vor der Frauenkirche

von Ferdinand Schmidt (1840 bis 1909; weitere seiner Aufnahmen sind im Fembohaus ausgestellt). Der Vorzug des Museums sind jedoch die vielen Originalstücke. Nürnberg war die führende Stadt in der Zweiradindustrie, Fahr- und Motorräder werden in großer Zahl im Erdgeschoss ausgestellt (manche wie die Zündapp KS 500 von 1937 könnte man befremdlicherweise sogar kaufen). Die Zündapp-, Triumph- und Hercules-Fabriken gibt es in der Stadt nicht mehr – und mit der Schließung des jeweiligen Werks endet unweigerlich auch jede andere der Nürnberger Industriegeschichten; das Museum selbst ist in einer 1975 stillgelegten Schrauben fabrik untergebracht. – Im Untergeschoss eine funktionierende Druckwerkstatt, Dampfmaschinen, aber auch ein vollständiges Klassenzimmer von 1910 und eine 35 Quadratmeter große Arbeiterwohnung aus den zwanziger Jahren. Und vieles mehr: ein Paradies für Kinder, während Ältere mit leichter Beklemmung etliche Dinge aus ihrem Alltag als ehrwürdige Museumsstücke wiederfinden. Zum Beispiel ein „Mini-Porty", das tragbare Telefon („Handy" kann man nicht sagen) von 1993. Oder Videospiele aus den siebziger und achtziger Jahren, die man auf den Originalgeräten spielen kann – und mit einem Mal erinnern sich Daumen, Zeige- und Mittelfinger an den Rhythmus von einst...

Äußere Sulzbacher Str. 60-62
Tel. 231 38 75
www.museen.nuernberg.de/ industriekultur *Di-Fr 9-17 Sa/So 10-18 Uhr; 5 € Druckwerkstatt an ausgewählten Sonntagen 14-17 Uhr; Videospiele: Di und So 14-17 Uhr*

(c 4) Neues Museum

Das Neue Museum befand sich im Sommer 2007 in einem Zwischenzustand, der Untertitel „Staatliches Museum für Kunst und Design" stimmte nur zur Hälfte – die Designabteilung ist nach Kuratorenunstimmigkeiten ausgezogen. Wer sich für diesen Bereich interessiert, hat wieder einen Grund mehr, das Germanische Nationalmuseum mit seinen großen Sammlungen angewandter Kunst zu besuchen (dort gleichwertig neben den Werken der freien Kunst gezeigt). Imposant ist immer die große Glasfront zum Klarissenplatz (Architekt: Volker Staab; Fertigstellung: 1999). In ihr ist man dann selbst ein Kunstgegenstand, wenn man zum Beispiel im 2. Obergeschoss Leni Hoffmanns „Tarragindi" (2002) aus Stahlbeton, Knete und Putz belebt. Die Ausstellung hat einen Hang zu großformatigen Fotografien (an erster Stelle Rineke Dijkstra, daneben Thomas Ruff, die „3 Allegorien" von Bernhard Prinz und leider nur acht der zwölffachen „Bürger von Calais" Candida Höfers), das kann sich aber, bis Sie das Museum besuchen, schon wieder geändert haben: alle paar Wochen wird das eine oder andere Kunstwerk gegen ein neues ausgetauscht. Die

MERIAN | TIPP

Friedhöfe

Im Mittelalter lagen die Friedhöfe mitten in der Stadt um die Kirchen. Um die Seuchengefahr einzudämmen, verfügte der Rat 1518 ihre Verlegung vor die Tore: nach St. Johannis für die Sebalder Seite, nach Gostenhof für die Lorenzer. Beide Friedhöfe faszinieren durch die künstlerische Vielfalt der einheitlich großen Steindeckplatten. Die Berühmtheiten liegen auf dem Johannisfriedhof (Lageplan in der Kirchnerwohnung), die einzigartige Atmosphäre aus steinerner Schönheit, die der Vergänglichkeit trotzt, spürt man in beiden.

(a/b 2) Johannisfriedhof Johannisstraße
(a/b 4) Rochusfriedhof Rothenburger Straße

Szenen einer Ehe, in Bronze gegossen am Hans-Sachs-Brunnen

Blütenblätter der „Lorenz-Rose" (2001, bemaltes Magnolienholz), die Yoshihiro Suda beim Ersteigen der Wendeltreppe zerpflückt hat, bleiben hoffentlich noch lange.
Lorenz, Klarissenplatz
Tel. 24 02 00, www.nmn.de
Di-Fr 10-20, Sa/So 10-18 Uhr; 4 €

(c 4) Verkehrsmuseum
DB-Museum
Natürlich musste in der Stadt der ersten deutschen Eisenbahnfahrt das „königlich bayerische Eisenbahnmuseum" errichtet werden, aber leider war zu diesem Zeitpunkt (1899) die „Adler" längst verschollen. Was einen an der Straße begrüßt, Seite an Seite mit dem 1:1-Modell eines ICE 3, ist ein Nachbau von 1952. Nach acht Wochen Transport mit Schiff und Maultieren waren 1835 die Einzelteile der Lokomotive aus England eingetroffen – Gütertransportloks made in Germany taugten bislang nur als stationäre Dampfmaschinen. Mit den „Adler"-Teilen, die am Dutzendteich zusammengesetzt wurden, kam Herr Wilson, der am 7. Dezember 1835, 9 Uhr, den Zug in Bewegung setzte und nach Fürth führte. Feierlich im Frack, was auch seiner Entlohnung angemessen war – angeblich verdiente der Lokomotivführer mehr als der Direktor der Eisenbahngesellschaft, Dr. Scharrer. Zusammen mit diesem auf dem Führerstand kann man in der „Adlerama"-Schau die Fahrt nacherleben. Noch spannender ist der Gang durch die Ausstellung: Eisenbahnfreunde sind meist zugleich Sammler, und man schwelgt in der Fülle des vorzüglich zur Schau gestellten Materials aus 193 Jahren Bahngeschichte (wenn man die Denkschrift des Ingenieurs Ritter von Baader über „eiserne Kunststraßen" in Bayern von 1814 als Nullpunkt setzt). Unwillkürlich kommen einem heutige Bahnfahrten in den Sinn, nicht immer zum Vorteil der Deutschen Bahn AG, die diesen Teil des Verkehrsmuseums verwaltet. Besonders im Bereich „Bahnhöfe" (1. Obergeschoss; dort auch Fotos sämtlicher Bahnhöfe der bayerischen Staatsbahn 1902!) sieht man, was an Reisekultur verlorengegangen ist. Und beim Geschichtsrundgang wird der alte Verdacht bestätigt, dass von den ehemals 3 Wagenklassen nicht etwa die dritte, sondern die erste abgeschafft worden ist (1956). Die meiste Zeit sollte man aber in den Fahrzeughallen und dem Außenbereich verbringen (letzterer ist nur von April bis Okt. zugänglich). Die aufgeschnittene älteste Dampflok Deutschlands, der Prunk von Ludwigs II. Hofzug, ein TEE mit Hubschrauberantrieb, die megaschnelle, stromlinienschicke Dampflok „05 001" und schließlich doch noch ein originales Überbleibsel der ersten deutschen Eisenbahn, nämlich ein Wagen 2. Klasse, der 1877 vom Germanischen Nationalmuseum gerettet wurde.
Museum für Kommunikation
Über dem Bahnmuseum ist das Postmuseum. Hier kann man zwanglos und sinnvoll „mitmachen", zum Beispiel seinem Begleiter einen Brief per Rohrpost senden (oder an die Lieben daheim eine E-Mail) und miteinander telefonieren – dann klickt und rattert es in der Vermittlungsanlage, man kann richtig zusehen, wie sich die Wahl jeder weiteren Ziffer auswirkt. Schöne Anschaulichkeit des Prä-Mikroprozessor-Zeitalters! Und dann sind da noch in der Präsentation alter Telefone die „Fernsprechtischapparate 611 und 791, durch Zimmerbrand geschmolzen".
Tafelhof, Lessingstr. 6
Tel. 23 08 80
www.dbmuseum.de
www.museumsstiftung.de
Di-Fr 9-17, Sa/So 10-18 Uhr; 4 €

BRUNNEN

Seit jeher hat die Stadt Probleme mit der Wasserversorgung gehabt. Der seltene Regen versickert rasch im Sandstein. Dass man lange graben muss, bis man auf Wasser stößt, erkennt man beim „Tiefen Brunnen" der Burg. Bei den Führungen durch die Felsengänge können Sie sehen, wie die Stadt sich mit ausgeklügelter Lochwassertechnologie und Holzrohrleitungen um jeden Tropfen bemühte. Zuständig waren jeweils drei, durch jährlich erneuerte Eide gebundene „Prunnenmeister". Dem Wert des Wassers und der hohen Kunst seiner Beschaffung entsprechend sind die Brunnen aufwändig gestaltet.

(c 3) Der schöne Brunnen
Die reiche Ausschmückung des 19 Meter hohen achteckigen Brunnenstocks mit Blumen, Baldachinen, Bögen und 40 Skulpturen war dem spätmittelalterlichen Nürnberger „Bibel, Brockhaus und Grundgesetz in einem" (so der ehemalige Stadtarchivar Peter Fleischmann). Eine genaue Beschreibung auf der Rückseite des Faltplans.
Sebald, Hauptmarkt

(c 3) Tugendbrunnen
Der erste Bronzebrunnen auf einem öffentlichen Platz (1589; Foto auf S. 105). Dass Justitia sich hoch über die drei anderen Kardinaltugenden (Weisheit, Tapferkeit, Mäßigung) und die theologischen Tugenden (Glaube, Liebe, Hoffnung) erhebt, ist natürlich eine politische Aussage der Reichsstadt, deren Wappen sechs posaunenblasende Putten tragen. Unauffällig deckt ein Kranich, Symbol der Wachsamkeit, die Allegorie der Gerechtigkeit: Polizei und Justiz.
Lorenz, Lorenzer Platz

(c 3) Hans-Sachs-Brunnen
Das „Ehekarussell", nach Hans Sachsens „Bitter Süß Ehlich Leben", fällt schon durch seine Größe auf (Durchmesser 14 m), mehr noch durch die realistische Wiedergabe der Eheszenen. Fein beobachtete Details wie die Kaffeetafel oder der den Kindern aufgedrängte Apfel. Von Jürgen Weber, 1984, Bronze, bemalt und vergoldet.
Lorenz, Ludwigsplatz

» DALÍ ZUM DESSERT?
Folgen Sie den besten Autoren mit der neuen MERIAN *Reiseführer* Reihe zu exklusiven Reiseerlebnissen – zum Beispiel zu einer Chocolaterie auf Mallorca, die süße Skulpturen berühmter Persönlichkeiten kreiert. Mehr Informationen überall, wo es Bücher gibt und unter WWW.MERIAN.DE
Es gibt wieder etwas zu entdecken »
Wien
Südtirol
Südafrika
Rom
London
Dubai
Dresden
Cornwall
Berlin
Barcelona
Ägypten
Mallorca
MERIAN Reiseführer
Mallorca
38 Seiten: Der gute Tipp von MERIAN
MERIAN
Reiseführer
Die Lust am Reisen

MERIAN | KULINARISCH

Lekoung, Zipfel, Schäuferla

Nürnberger Delikatessen sind gesetzlich geschützt – darauf, auf echt Fränkisch: Än Goudn!

Sie verdanken ihren Ruhm den fleißigen Völkern in „des Heiligen Römischen Reiches Bienengarten", dem ausgedehnten Wald östlich der Stadt: Süßes war kostbar, und in der Handelsmetropole Nürnberg hatte man die Mittel, mit exotischen Gewürzen aus den Honigkuchen aufregende Pfefferkuchen zu machen. Neben diesen braunen gibt es die **weißen Lebkuchen**: eine Erfindung der Lebküchner in den Mangelzeiten des Dreißigjährigen Kriegs, die sie zunächst dreist als „Nürnberger Marzipan" verkauften, obwohl kein Gramm Mandeln enthalten ist. Umgekehrt sollen **Elisenlebkuchen**, eine Schöpfung des 19. Jhs., nur aus Mandel- und möglichst gar nicht aus Getreidemehl bestehen. Sie sind heute der höchste Stolz der Lebküchner, Bäcker und vielen Privathaushalte, in denen die „Lekoung" (ortsübliche Aussprache) so selbstverständlich wie anderswo Plätzchen zur Weihnachtszeit gebacken werden.

Die Bezeichnung „Nürnberger Lebkuchen" ist seit 80 Jahren geschützt, die für **Nürnberger Brat-** und **Rostbratwürste** seit gut fünf Jahren. Letztere sind die allerkleinsten. Wie es zu dem bedenklichen Schrumpfungsprozess gekommen ist, darüber gibt es viele Mythen; manche meinen, dass Auslöser der Tourismusboom im 19. Jh. war, gekoppelt mit Geschäftstüchtigkeit der Wirte. Tatsache ist, dass man in den Metzgereien beobachten kann, wie die Nürnberger selbst fast immer nur Fränkische Bratwürste kaufen – die sind mit dem gleichen kräftig gewürzten Schweinebrät gefüllt, aber es steht in einem günstigeren Gewichtsverhältnis zum Rindsdarm. Welche Würste auch immer Sie wählen, probieren Sie sie mit Kren (Meerrettich) statt Senf! Ich bestelle gern **Blaue** (oder „Saure") **Zipfel**: die gleichen Würste, in einem verfeinerten Essigsud gegart (den aber nicht mitverzehren!).

Was kriegen die Kinder? Wenn der Wirt den jungen Gast nach seinem Wunsch befragt, wird überall in Franken dieselbe Antwort hervorgekräht: „Kloß mit Soß!" Himmlisch gut, hoher Manschfaktor.

Den gleichen Kloß und meist leider Unmengen der gleichen Soß erhalten die Erwachsenen dann zu ihrem Schweinebraten (Sa/So in jeder Gaststätte obligatorisch) oder dem **Schäuferla** (Schäufele), einem mächtigen Stück Schweineschulter. Es sollte aber ein Krustenschäuferla aus dem Backofen sein; Genaueres bei den „Freunden des fränkischen Schäufele" **(www.schaeufele.de).** Auf dem Lande gebe ich mich einem anderen, vergessen geglaubten Genuss hin, dem germanischen Nationalgericht: Schweineschnitzel Wiener Art. Man kennt es ja nur noch als in weichlichen Sägespänen gewälztes, tiefgefrorenes Stück Formfleisch, das sich in der Imbissbude mit Fritierfett vollsaugt. Welch Raffinesse hinter der Kombination aus rescher, röstaromatisierter Eihülle mit zartem, saftig gebliebenem Fleisch stecken kann, lassen einen manche ober- und mittelfränkische Gasthöfe erfahren. Man achte auf die Klopfgeräusche aus der Küche.

Der gleiche Grundgedanke von Knusprig plus Saftig steckt hinter der fränkischen Zubereitungsart des **Karpfens** (nur in den Monaten mit „r"). Er wird der Gräte nach in zwei spiegelbildliche Hälften geteilt, diese mehliert einzeln gebacken. Am besten im **Aischgrund**, wo den Karpfen ein bis zwei Jahre mehr zur Entwicklung gegönnt werden als ihren zeitraffergemästeten Leidensgenossen aus Tschechien. Dazu Kartoffelsalat, der hier nicht mit Mayonnaise angemacht wird, sondern mit Brühe; man reicht ihn halbwarm. Wer Backfisch nicht mag, bestelle **Waller im Wurzelsud.**

Nürnberg liegt in Bierfranken, jener mittel- und vor allem oberfränkischen Gegend, die von Kennern aus der ganzen Welt andächtig bereist wird und in puncto Brauereidichte und Geschmacksvielfalt höchstens mit Flandern vergleichbar ist. Um **1800** gab es allein im **Sebalder Felsenkellerbereich** 29 Brauereien, inzwischen stehen in Nürnberg außer bei drei Gasthausbrauereien die Gärkessel leer. Viele Gaststätten, in erster Linie die **„Landbierparadiese"** (vier in Nürnberg, eins in Fürth), führen aber ländliche Bierspezialitäten. Wer in Nürnberg ein Lokal mit den 08/15-Bieren aus der Fernsehwerbung besucht, dem ist nicht zu helfen.

Und der **Frankenwein**? Der wächst anderswo, in Wein-, also Unterfranken. Die Chance, einen anständigen fränkischen Silvaner zu bekommen, ist in Nürnberg kaum größer als bei Ihnen zu Hause. Gute Ratschläge und Tropfen beim **Weinversandhändler K&U, Nordostpark 78, Tel. 52 51 53, www.weinhalle.de (e 1).**

Sebastian Schulin

n alle Welt versandt werden ie das ganze Jahr, von Mutter gebacken nur zu Weih- achten: Lebkuchen

GASTSTÄTTEN

(c 2/3) **Bratwursthäusle**
6 auf Kraut (Winter) oder mit Kartoffelsalat (Sommer) – was für ein Glück, dass die Nürnberger Leibspeise zugleich die ideale Stärkung für erschöpfte Stadterkunder ist. Dazu Meerrettich.
Sebald, Rathausplatz 1
Tel. 22 76 95, *Mo-Sa 10-22* €

(b/c 3) **Steichele**
Tadellos zubereitete fränkische Gerichte in schönen Räumen. Wählen Sie von der Tageskarte ein Kalb- oder Karpfengericht! Gräfenberger Landbier, Weine vom eigenen (Pfälzer) Weinberg.
Lorenz, Knorrstr. 2
Tel. 20 22 80, *Mo-Sa 11-22, So 11-14 Uhr* €€

(c 2) **Essigbrätlein**
Hochküche der außergewöhnlichen Art: das Duo Köthe/Ollech experimentiert mit intensiven Gewürzen. Ein an sich schon perfektes Stück Pollack erhält durch Kardamomsalbung seine Apotheose, der süßlichen Spargelbittere schmeichelt die Zimtblütenbutter.
Sebald, Weinmarkt 3
Tel. 22 51 31, *Di-Sa 12-13.30, 19-21.30 Uhr* €€€

(e 5) **Tucher-Stube**
Was von außen wie eine Schankwirtschaft wirkt, birgt eines der erfreulichsten Restaurants der Stadt. Ohne Spektakel, dafür mit viel Einfallsreichtum und Können verwandelt Stephan Schuster die Produkte fränkischer Bauern in köstliche Gerichte, zuweilen mit einem Hauch Südostasien. Sensationell das Landhuhnfrikassee.
Südstadt, Wodanstr. 59
Tel. 480 57 00, *Di-So 17.30-22, Do-So auch 11.30-14 Uhr* €€

(c 2) **A Tavola!**
Was machen eigentlich die Nürnberger Honoratioren zur Mittagszeit? Unsere Beobachtung: Die bessergezwirnten Herren aus dem Rathaus gehen unbeirrt am „Bratwurst-Röslein" vorbei und begeben sich direttamente „A Tavola!" in den Räumen eines italienischen Lebensmittelgroßhandels. Vorzügliche Vorspeisen, prima Pasta.
Sebald, Theresienplatz 7
Tel. 33 76 87
Mo-Sa 11-22 Uhr €€

(a 3/4) **Palais Schaumburg**
Eine traditionsreiche, aber immer noch recht quirlige Szenekneipe im Lehrer-, Öko- und Künstlerstadtteil. Hier können auch Vegetarier glücklich werden. Kleiner Garten. Spalter Bier (gut gehopft), Landbiere.
Gostenhof, Kernstr. 46
Tel. 26 00 43, *tgl. 11.30-1 Uhr, Sa erst ab 14 Uhr* €

Landbierparadies
Eine große Auswahl von ober- und mittelfränkischen Bieren kleiner Brauereien (siehe auch „Einkaufen"). Einfache Brotzeiten, warme Speisen nur Sa/So.
(e 5) Südstadt, Wodanstraße 15
Tel. 46 88 82
(a/b 4) Gostenhof, Rothenburger Str. 26, Tel. 287 86 73
(d 5) Südstadt
Sterzinger Str. 4-6
Tel. 433 47 22 *(im Sommer Biergarten, 16-1 Uhr)*
www.landbierparadies.com
tgl. 17.30-1, So ab 10 Uhr (in der Wodanstr. wird Fr schon um 14, Sa um 12 Uhr geöffnet) €

(d 4) **Georgi-Ritter**
1455 kam der Goldschmied Dürer aus Ungarn nach Nürnberg, gut 500 Jahre darauf folgte ihm der Koch Gábor Gazsi. Die Werke von Dürers Sohn hängen fernab in den Museen der Welt, die von Gazsi kann man immer frisch genießen. Dürer hätte es geschmeckt!

Preiskategorien

Alle Adressen in diesem Info-Magazin sind MERIAN-Empfehlungen. Der Preis für ein Hauptgericht liegt bei:
€ etwa 8 bis 12 €
€€ über 10 bis 20 €
€€€ darüber

Selbstgebrautes auf blanken Tischen: fränkische Gemütlichkeit im „Barfüßer"

Eines der Meisterwerke: das Safrangulasch auf alte Art.
Südstadt
Hummelsteiner Weg 88
Tel. 45 34 08, *Di-Fr 11-14, und 17-24, Sa 17-24, So 11.30-22 Uhr* €

(c 2) Kaiserburg
Lässige Kneipe mit vielen fränkischen Bieren, mit denen man im jahrhundertealten Gewölbekeller das „Glubb-Sandwich" runterspült.
Sebald, Obere Krämersgasse 20
Tel. 640 05 86, *Di-Do 18-2, Fr 18-5, Sa 18-5, So 18-1 Uhr* €

(c 3) Barfüßer
Im riesigen Keller der Mauthalle findet man zwischen fröhlischen Touristen und erschöpften Einkaufsbummlern immer einen Platz. Hausbrauerei.
Lorenz, Hallplatz 2
Tel. 20 42 42, *tgl. 11-1 Uhr* €

(b 3/4) Zum Gulden Stern
Unsere Kollegen vom „Feinschmecker" sind sich einig: Hier gibt's die besten Bratwürste.
Lorenz, Zirkelschmiedsgasse 26
Tel. 205 92 88, *tgl. 11-22 Uhr* €

(c 2/3) Kettensteg
Schöner Biergarten am Hallertor, direkt an der Pegnitz. Perfekt, um sich an heißen Tagen ein halbes Stündchen auszuruhen. Manche bleiben gleich sitzen und bemühen sich erst am Abend fünf Schritte weiter, in die „Bar Blau" (siehe Bars).
Sebald, Maxplatz 35
Tel. 22 10 81, *Sommer tgl. 11-23, Winter tgl. 11-14.30, und 18-23.30 Uhr* €

(e 5) Gutmann am Dutzendteich
Für die Nürnberger wird es immer das „Strandcafé Wanner" bleiben. Aber sie mussten lange bangen, ob der am schönsten gelegene Biergarten der Stadt, mit Festsälen, Konzertmuschel aus den zwanziger Jahren und Bar unter Palmen, überhaupt erhalten bliebe. Fritz Gutmann, Brauer eines der besten Weizenbiere, hat aufwändig renovieren lassen.
Dutzendteich, Bayernstr. 150
Tel. 988 18 77 10
www.gutmann-am-dutzendteich.de, *tgl. 10-24 Uhr*

(C 4) 's Baggers
„Baggers" sind Kartoffelpuffer, der gemütliche fränkische Begriff ist gewollter Gegensatz zur Hochtechnik des Lokals, in dem Sie auf Touchscreens die Module Ihrer Mahlzeit ordern, die dann an röhrenartigen Deckenschienen an Ihren Platz schweben. Eine Mischung aus Tapasbar, Sci-Fi-Fantasy, Sushilaufband und Rohrpost.
Schmalau, Am Steinacher Kreuz 28, Tel. 477 90 90
tgl. 10.30-0, Do-Sa bis 2 Uhr €€

Ein Lächeln für „Sechs auf Kraut": „Zum Gulden Stern"

CAFÉS

(c 3) Passagen-Café
Ganz nahe bei der Lorenzkirche, aber etwas versteckt liegt das wunderbar nostalgische, kreisrunde Café mit seinem Oberlicht, dem riesigen Kronleuchter und der großzügigen Empore.
Lorenz, Königstr. 33
Tel. 202 91 52
Mo-Sa 9-18 Uhr (nur im Winter auch So 12-18 Uhr)

(c 2/3) Confiserie Café Neef
Wunderbare Obstkuchen, die mit Abstand leckerste Konditorei nahe dem Hauptmarkt.
Sebald, Winklerstr. 29
Tel. 22 51 79 *Mo-Fr 8.30-18 Sa bis 17 Uhr*

(b 3) Balazzo Brozzi
Zum Abhängen auf Polstersofas an verregneten Nachmittagen. Familien mit kleinen Kindern verbringen hier ihre Sonntage beim Endlosfrühstück.
Gostenhof, Hochstr. 2
Tel. 28 84 82
tgl. 9-23, So bis 21 Uhr (am ersten Mo im Monat geschl.)

(c 3) Zeitungs-Café Hermann Kesten
Gehört zur Stadtbibliothek. Vielleicht sitzt man in Nürnberg nirgendwo schöner als in dem alten Klostergärtchen, das der emeritierte Büchereichef immer noch liebevoll pflegt. Und ganz sicher liegt nirgends mehr Lesestoff auf: gut 70 deutsche und internationale Tageszeitungen.
Lorenz, Am Katharinenkloster (Zugang über Peter-Vischer-Str.)
Tel. 244 71 41, *Mo, Di, Fr 11-18, Do 11-19, Sa 10-13 Uhr (So u. Mi geschl.)*

BARS

(b 3) Bäckerhof
Riesiger Jugendstil-Ballsaal. Hinter Bücherregalen kann man auch ganz gut speisen, ansonsten Drinks und Abchillen.
Lorenz, Schlehengasse 2
Tel. 801 36 42
Di-Fr 17-2, Lounge ab 18.30 Uhr

(c 2/3) Bar Blau
Für warme Sommerabende: Cocktailbar im Freien, direkt am Pegnitzufer beim Kettensteg.
Sebald, Maxplatz 35
Tel. 22 10 81 *Fr/Sa 19-2, So/Mo 19-0, Di-Do 18-1 Uhr*

(a 3) Gelbes Haus
Eine schöne, klassische Cocktailbar. Spezialität: die unerschöpfliche Whiskyauswahl.
Kleinweidenmühle
Troststr. 10 (Eingang Fürther Str.), Tel. 26 22 74
tgl. 19-1, Fr und Sa bis 3 Uhr

Bed and Breakfast auf der Burg: die wohl schönste Jugendherberge der Welt

HOTELS

In Nürnberg und Umgebung gibt es sehr viele Unterkünfte: allein in der Stadt 137 Hotels, Gasthöfe und Pensionen mit 13 804 Betten. Nahezu alle großen Ketten sind vertreten, aber auch eine ungewöhnlich hohe Zahl an ausgezeichneten Privathotels. Umsatz machen sie vor allem zu Messezeiten und zum Christkindlesmarkt im Dezember – dann sind die Preise selbst in der Jugendherberge wesentlich höher. Umgekehrt können Sie in der übrigen Zeit besonders übers Wochenende mit erheblichen Reduktionen rechnen.

(c 2) **Jugendherberge**
Vielleicht die am schönsten gelegene Jugendherberge der Welt, am Ort der ersten Burganlage in einem riesigen Kornspeicher, aus dessen sich über fünf Stockwerke erstreckendem Dach man über die ganze Stadt blicken kann. „Senioren" (über 26) werden nachrangig aufgenommen, Doppel- oder gar Einzelzimmer gibt's nur, wenn die anderen Schlafstellen im Mehrbettraum nicht benötigt werden. Sperrstunde: 1 Uhr.
Sebald, Burg 2, Tel. 230 93 60
Fax 23 09 36 11, www.nuernberg.jugendherberge.de
382 Betten in 83 Zi., DZ ab 46 €, Bett im Mehrbettzimmer ab 20 €, Aufschlag „Senioren" 4 €. Jugendherbergsausweis erforderlich (Jahresgebühr 12 €, „Senioren" 20 €)

(b/c 4) **Lette'm Sleep**
Das Bettzeug kostet 3 € extra, dafür sind Kaffee und Internet kostenlos. Das „Backpacker Hostel" ist eine günstige Alternative zur Jugendherberge, besonders für Rucksackurlauber im gesetzteren Alter, die sich hier nicht nur den Seniorenaufschlag, sondern vor allem den anstrengenden Heimweg den Burgberg hinauf ersparen. Zum Teil sehr große Zimmer, in der Küche babylonisches Sprachgewirr.
Lorenz, Frauentormauer 42
Tel. 992 81 28, Fax 992 81 30
www.backpackers.de
DZ ab 44 €, Bett im Mehrbettzimmer ab 16 €, ohne Frühstück

(c 4) **Fackelmann**
Eines der vielen kleinen, grundzuverlässigen Privathotels der Stadt. Das freundliche „Fackelmann" liegt direkt an der Altstadt, ein paar Meter von Oper und U-Bahn, fünf Minuten Fußweg vom Germanischen Nationalmuseum entfernt.
Tafelhof, Essenweinstr. 10
Tel. 20 68 40, Fax 206 84 60
www.hotel-fackelmann.de
34 Zi., DZ ab 75 €

(c 2) **Burghotel Stammhaus**
Zentral gelegenes, sympathisches Haus mit Annehmlichkeiten wie einer Sonnenterrasse oder einem kleinen Schwimmbad.
Sebald, Schildgasse 14-16
Tel. 20 30 40, Fax 22 65 03
www.burghotel-stamm.de
21 Zi., DZ ab 84 €

(c 3) **Drei Raben**
Zu schade, um nur drin zu schlafen: In Nürnbergs „erstem Themenhotel" erzählt jedes Zimmer seine eigene Geschichte, vom Raubritter Eppelein etwa, der ersten Eisenbahn oder dem 1. FC Nürnberg. Die Lobby mit ihren knallroten Sesseln aus „2001 – Odyssee im Weltraum" wird abends zur Cocktailbar. Auf halbem Wege zwischen Bahnhof und Hauptmarkt.
Lorenz, Königstr. 63
Tel. 27 43 80, Fax 23 26 11
www.hotel-drei-raben.de
25 Zi., DZ ab 120 €

(d 4) **Le Meridien Grand Hotel**
Das „Grand Hotel" beim Hauptbahnhof war schon bald nach der Eröffnung 1896 das erste Haus am Platz. Nach etlichen, zuweilen weniger glücklichen Namen- („Hotel Reichsparteitag") und Besitzerwechseln gehört es heute zur soliden japanischen Le-Meridien-Gruppe und ist auf ansprechende Weise in die Anmutung des Jugendstilhotels von einst zurückversetzt worden.
Lorenz, Bahnhofstr. 1-3
Tel. 232 20, Fax 232 24 44
www.grand-hotel.de
www.lemeridien.com
186 Zi. u. Suiten, DZ ab 130 €

Im Handwerkerhof gießt Meister Georg aus Zinn kunstvolle Formen

EINKAUFSBUMMEL

Die ersten Kaufadressen der Stadt sind „Zweithaar Noris", „Sonia Call Shop" und „Pinky-Mode" – jedenfalls wenn Sie mit dem Zug eingetroffen sind und sich vom Hauptbahnhof, Königs- und Frauentor schon vor Augen, in die düstere unterirdische Passage hinabzwingen lassen. Der Erdoberfläche zurückgegeben, finden Sie in der Altstadt eine Vielzahl sehr angenehmer Einkaufsmöglichkeiten. Den **Handwerkerhof (c/d 4)** am Königstor sparen Sie sich für den Abreisetag auf, um dort noch die letzten Mitbringsel – zum Beispiel handgearbeitete Zinnfiguren – zu besorgen. In der **Breiten Gasse (c 3)** sind die aus jeder Einkaufsmeile der Welt bekannten Läden. Ausgefallenere Kleidungsstücke und Lederwaren finden Sie hingegen in den großen, gut sortierten Läden der **Karolinenstraße (c 3)** bis hin zum Ludwigsplatz und in den kleinen, sehr exklusiven Geschäften der **Kaiserstraße (c 3)**. Und direkt auf der anderen Seite der Pegnitz wird man schönen Spielzeugs oder extravaganter Schuhe am **Trödelmarkt (c 3)** ansichtig, wundervoller Handtaschen, feinster Röcke und ähnlich aparten Kunsthandwerks auch am **Weinmarkt (c 2)**. Auch in den Gassen, die hoch zum Albrecht-Dürer-Haus führen, ist durchaus nicht alles nur Tand, was angeboten wird – und wenn's so wäre: „Nürnberger Tand" war einst die Bezeichnung für meisterhaft hergestellte Gegenstände aus Draht.

LEBENSMITTEL

(c 2/3) Feinkost Nikolaus Schwarz
Das Landbrotparadies: Bis zu 30 Brotsorten aus verschiedenen dörflichen Backstuben sind im Angebot, manche riesengroß und verwegen mit Kümmel bestreut. Daneben führen die Schwarzens gute Landwurstwaren. Wenige Schritte vom Hauptmarkt können Sie sich also alles für eine prächtige Brotzeit besorgen.
Sebald, Winklerstr. 10
Tel. 22 50 92 *Mo-Fr 8.30-18.15, Sa 7.30-13 Uhr*

(b 1/2) Metzgerei Meyer
Nanu, ein Metzger zwischen Bäckern? Kein Irrtum, obwohl Herr Meyer allein für sein Fleischangebot von höchster Qualität schon eine dicke Empfehlung verdiente. Doch er verkauft außerdem an jedem Freitag die himmlischen Backwaren eines der wohl besten Bäcker: Arnd Erbel aus Dachsbach im Aischgrund.
St. Johannis, Kirchenweg 39
Tel. 33 07 23
www.metzgerei-meyer.de
Mo-Fr 7-18, Sa 7-12.30 Uhr

(d 5) Bäckerei Grießinger
Eigentlich macht Herr Grießinger gar nichts Besonderes: Er bäckt sein Brot, seine Brezen und die Weggla halt so, wie er es gelernt hat und wie es die Kunden aus der Nachbarschaft seit eh und je schätzen. Seine Bamberger (Hörnchen) sind schlicht eine Sensation, die endgültige Erledigung jener obszön aufgeplusterten, fettigen Dinger, die in den Pseudobackshops als Croissants verkauft werden. Und bessere Krapfen mit Hiffenmark (Berliner Pfannkuchen mit Hagebuttenkonfitüre) als Grießingers sind zu Silvester nirgends zu bekommen.
Südstadt, Wirthstr. 52
Tel. 44 50 65 *Di-Fr 7-13 und 15-18, Sa 7-13 Uhr*

(c 5) Bäcker Bauer
Immer wieder prämierte, tadellose Frankenlaibe. Daneben denkt sich Herr Bauer stets Neues aus, „Connybrot" mit Koriander etwa oder „Römerweißbrot". Übrigens ist er auch ein exzellenter Lebküchner.
Südstadt, Ammanstr. 14
Tel. 44 31 94
Mo-Fr 6-18, Sa 6-13 Uhr

Fraunholz-Elisenlebküchnerei
Sehr gute Lebkuchen, ganz ohne Mehl, aber mit viel Verstand hergestellt.
www.fraunholz-lebkuchen.de
(a 2) St. Johannis, Wilhelm-Marx-Str. 8, Tel. 33 55 55
Mo-Fr 8-17, Sept. bis Dez. auch Sa 8-16 Uhr
(c 2) Sebald, Bergstr. 1
Tel. 24 34 64
Mo-Fr 9-18.30, Sa 11-16 Uhr Ostern bis Okt. und Adventszeit auch So 10.30-18 Uhr

(c 3) Grüner Markt
Einheitlich unter rot-weiß gestreiftem Tuch verkaufen Bauern aus dem Knoblauchsland, dem großen Anbaugebiet nördlich der Stadt, ihre Ware, aber auch Händler von anderswo, etwa Spargelbauern aus dem unterfränkischen Prichsenstadt. Im sonst so fleischzentrierten Franken ist der „Lebe gesund"-Stand etwas Besonderes: Selbst beim Düngen verzichten die Hardcorevegetarier auf tierischen Mist – Brot und Aufstriche munden trotzdem (oder deshalb), auch wenn manch Engstirnige darauf verzichten, denen die spezielle Ausprägung des Christentums der „Güter Neu Jerusalem" nicht schmecken will.
Sebald, Hauptmarkt *(bei Veranstaltungen auf dem Hauptmarkt in den umliegenden Straßen)*
Mo-Fr 7-18.30, Sa 7-14 Uhr

(d 5) Schlemmereck Wagner
Ja, kneifen Sie sich ruhig in den Arm: Wie selbstverständlich führt Frau Wagner in einer Halbmillionenstadt des 21. Jahrhunderts ihren Laden, als ob uns nicht schon vor dreißig Jahren in der Schule zwingend bewiesen worden wäre, dass die Zeit der Tante-Emma-Läden längst vorbei ist! Sehr guter Schalottenfrischkäse.
Südstadt, Humboldtstr. 136
Tel. 446 76 47 *Mo-Fr 7-13 und 15-18, Sa 7-13 Uhr*

(d 4/5) Metzgerei Fischer
Die fabelhafte Metzgerin Sabine Fischer vermag aus unscheinbarem Schweinefleisch die bestgewürzten Bratwürste zu zaubern. Lassen Sie sich vor der Rückfahrt welche einschweißen (der Hauptbahnhof ist nicht fern). Und nehmen Sie für die Brotzeit auf der Reise auch einen halben Ring Stadtwurst mit: einfache Brühwurst in Rot (etwas kräftiger) oder Weiß (von Kindern geliebt).
Südstadt, Pillenreuther Str. 53
Tel. 44 55 86 *Mo-Fr 7-13 Uhr 14.30-18, Sa 7-13 Uhr*

GETRÄNKE

(d 4) Landbierparadies
Rund um Nürnberg, vor allem im Norden (Aischgrund und Steigerwald, Fränkische Schweiz, Bamberger Land), gibt es sie noch, die kleinen, eigensinnigen Brauereien. In manchen Orten wie Hallerndorf

beim Kreuzberg, Höchstadt (Aisch) oder Buttenberg sind sogar gleich mehrere Bräus am Werk. Seit eh und je lieben es die Nürnberger, am Wochenende aufs Land zu fahren, ein wenig zu wandern und dann die unvergleichlichen Landbiere zu genießen. Unter der Woche haben die Brauereien aber immer weniger Einkünfte, eine Folge der Billigstkonkurrenz aus den Abholmärkten. Joachim Glawe bringt seit gut 20 Jahren das gute Bier in die Stadt (und hat damit schon manchem Brauer das Überleben gesichert). Rund 80 Sorten von knapp 40 Brauereien hat das „Landbierparadies" im Angebot, saisonal kommen Bock- oder Festbiere dazu. Leider ist der Laden sehr unübersichtlich, eine Ordnung nach Biersorten statt nach Brauereien wäre hilfreich. Stellen Sie sich einen Mischkasten für 12,45 € zusammen – zu empfehlen: dunkles Vollbier von Drummer; „Schwarze Anna" vom Neder aus Forchheim; „Schlückla", ein Rauchbier aus Gunzendorf; das Märzen vom Staffelberg; Friedels Zwickel; Eichhorn-Kellerbier; und dann noch einen „Schwarzen Ritter" und einen „Weißen Franken", Weizenbiere von Ritter aus Nennslingen. Das „Sonnengold" aus Ebermannstadt nicht zu vergessen. Und die Obstbrände von Haas aus Pretzfeld. Und... aber probieren Sie selbst! Das können Sie übrigens auch in einer der „Landbierparadies"-Gaststätten (siehe S. 119).
Südstadt, Galgenhofstr. 60
Tel. 43 94 42 40
www.landbierparadies.com
Mo-Fr 10-18.30, Sa 9-16 Uhr (Juni-Aug. Sa 9-17 Uhr)

(E 6) **Whisky-Fässla**
Altenfurt, Oelser Str. 7a
Tel. 837 03 00
nach telefon. Vereinbarung
(d 4/5) **Celtic Whisk(e)y**
Südstadt, Bulmannstr. 26
Tel. 45 09 74 30
Mo-Fr 10-19, Sa 10-16 Uhr
Liegt's daran, dass Glasgow Partnerstadt ist? Keine andere deutsche Stadt pflegt eine so hohe Whiskykultur, der „Highland Circle" hat sogar ein fränkisches Schottenmuster, den „Franconian Tartan", entwickelt und schützen lassen. Im „Whisky-Fässla" gibt es neben ausführlicher Beratung auch besondere Zigarren, bei „Celtic Whisk(e)y" alles zur keltischen Lebensart.

PLÜSCH, HOLZ, LEDER, STOFF

(c 3) **Steiff-Galerie**
Der Flagshipstore mit Knopf am Ohr.
Lorenz, Kaiserstr. 1-9
Tel. 235 50 74
Mo-Fr 10-19, Sa 10-16 Uhr

(c 3) **Werkstattladen**
Liebevoll gefertigtes, buntes Holzspielzeug.
Sebald, Hans-Sachs-Gasse 5
Tel. 244 96 29
Mo-Fr 10-13, 15-17.30 Uhr
Sa 10-13 Uhr (im Advent länger)

(c 3) **Lederwaren Schönherr**
Die edelsten und ausgefallensten Koffer und Taschen.
Lorenz, Kaiserstr. 18
Tel. 241 97 15
Mo-Fr 10-19, Sa 10-18 Uhr

(b/c 3) **Wöhrl**
Lorenz, Ludwigspl. 12
Tel. 133 00
Mo-Sa 9.30-20 Uhr

(c 3) **Breuninger**
Lorenz, Karolinenstr. 34
Tel. 27 42 40
Mo-Fr 10-20, Sa 9.30-20 Uhr
Die beiden riesigen Modekaufhäuser liegen dicht beieinander. Ordentliche Auswahl, vorbildliche Beratung.

(c 2) **Karin Suchanka**
Bei der Feintäschnermeisterin können Sie sich aus Stoff und Leder eine Tasche anfertigen lassen – gut möglich, dass Ihnen aber schon eines der edlen Unikate im Laden zusagt.
Sebald, Weinmarkt 12a
Tel. 937 43 30
Di-Fr 11-18, Sa 11-16 Uhr

(c 2) **kir**
Witzige Mode mit Rips und Grips. Und dann sind Sonja Schröppels Modelle auch noch bezahlbar!
Sebald, Weinmarkt 12
Tel. 235 58 89
Di-Fr 11-18, Sa 11-16 Uhr

BÜCHER

(c 3) **Buchhandlung Emil Jakob**
Sehr gute, fundierte Beratung und eine reiche Auswahl.
Lorenz, Hefnersplatz 8
Tel. 22 47 18
Mo-Sa 9.30-19 Uhr

(c/d 3) **Antiquariat Deuerlein**
Kult wegen des perfekten Espressos, zu dem das Glas Wasser wie selbstverständlich gereicht wird. Ebenso zwanglos vermag Thomas Deuerlein jedem seiner vielen schönen Bücher die ein oder andere mündliche Marginalie mitzugeben.
Lorenz, Lorenzer Str. 33
Tel. 22 27 07
Mo-Fr 9-19, Sa 10-16 Uhr

MERIAN | TIPP

Wagenradgroße Brote

Wer nicht gerade aus verwöhnten süddeutschen Gegenden nach Nürnberg kommt, wird begeistert sein von der Vielzahl und Qualität der Bäcker. Dabei hat auch Nürnberg den Großteil seiner kleinen, feinen Bäckereien längst an die Backersatzwarenindustrie verloren, deren aggressive Abverkaufsstätten in den großen Straßen dominieren. Immerhin noch 69 Handwerksbetriebe zählt die Bäckerinnung Nürnberg heute – im Jahr 1990 waren es 185, vor hundert Jahren gar 330. Auf der linken Seite eine subjektive Auswahl.
Probieren Sie auch einmal die unterschiedlich gesalzenen oder gewürzten Brezensorten.

Die Idee, eine U-Bahn zu bauen, hatten die Nürnberger schon 1914, ihre Oper entstand ein knappes Jahrzehnt früher

KULTUR UND UNTERHALTUNG

Über aktuelle Veranstaltungen in Nürnberg, Fürth, Erlangen und anderen Orten der Metropolregion informiert ausführlich die Stadtzeitschrift PRINZ. Die urbane Lifestylezeitschrift erscheint monatlich und bietet viel aktuellen, regionalen Nutzwert.

Oper und Theater

Zeitgleich mit dem Hauptbahnhof, dem wuchtigen Symbol für Handel und Technik, wurde 1905 als kulturelles Gegenstück das **Opernhaus** erbaut. Wegen der Ausstattung galt es als eines der schönsten Jugendstiltheater, bis Hitler das Innere komplett verändern ließ. Das Haus, neuerdings im Range eines bayerischen Staatstheaters, stellt sein Licht viel zu sehr unter den Scheffel – mit seinen Donizetti-Inszenierungen oder den Gluck-Festspielen *(nächster Termin: März 2008)* gehört es in die Oberklasse der deutschen Opernhäuser. – Zum Staatstheater gehören auch Schauspiel (in einem Fünfziger-Jahre-Gebäude hinter der Oper; dort läuft seit 1976 das Mundartstück „Schweig, Bub!" von Fitzgerald Kusz) und Ballett.
(c 4) Tafelhof, Richard-Wagner-Platz 2–10, Tel. 231 35 75
www.staatstheater-nuernberg.de

Kino

Wer in seiner Heimatstadt die in den Neunzigern hingeklotzten, inzwischen halbleeren und angeschmuddelten Cinekomplexe längst zu meiden gewohnt ist, wird vielleicht auch keinen Gedanken an die **Cinecittà** wenden wollen. Das wäre ein Fehler: In der Anlage beim Pegnitzufer fühlt man sich wohl, die Lounge- und Barbereiche sind geräumig, auch die Gastronomie stimmt (von den 4 Restaurants empfiehlt die Zeitschrift „Prinz" das „Indochine" geradezu überschwenglich). Und weil der Kinobereich größtenteils unter der Erdoberfläche liegt, wirkt das Gebäude von außen angenehm unaufdringlich. Umso pompöser ist im Erdinneren dafür das **Imax**: In dem 3D-Kino sitzt man vor der größten Projektionsfläche Deutschlands – sieben Stockwerke hoch, und wenn die Kuppelleinwand aufgeklappt wird, ist man von einer 1000 m² großen Bildfläche umgeben. Nürnbergs atemraubender technischer Höhepunkt – 35 m tief unter der Erde.
(d 3) Lorenz, Gewerbemuseumsplatz 3, Tel. 20 66 60
www.cinecitta.de

Der Lowtech-Gegenpol ist das große, schöne, alte Filmtheater **„Atrium"**.
(c 3) Südstadt, Wölckernstr. 78
Tel. 44 11 96

Konzerte, Disco, Clubs

Eigentlich immer gut was los ist im **„Hirsch"**.
(b 5) Gibitzenhof
Vogelweiherstr. 66
Tel. 42 94 14, www.hirsch.cc
Fr/Sa 22-5 Uhr Disco, So-Do je nach Veranstaltung

Im heutigen **„K4"** war seit 1973 das selbstverwaltete Kultur- und Politzentrum „Komm". 1981 wurden nach einer Demonstration 164 „Komm"-Besucher festgenommen, 141 davon für bis zu drei Wochen inhaftiert. 1996 beschlossen CSU, SPD und Grüne das Ende der Selbstverwaltung. Heute wird in dem großen Gebäude hinter der gläsernen Touristeninformation eine weniger anstoßerregende, aber doch anregende Mischung aus Filmhaus und Disco, Ausstellungen, Ateliers, Konzerten, Theater und Biergarten geboten. Wochenends Party mit oft außergewöhnlicher Musik.
(c 3) Lorenz, Königstr. 93
Tel. 22 36 47
www.kuf-kultur.de/k4
Disco Fr/Sa ab 22 Uhr

Punk und Reggae für die Älteren, Indie, Ska und Nu Heavyrock für die Jungen und Electrotech für alle bietet das alternative Kulturzentrum **„Z-Bau"**.
(d 5) Südstadt, Frankenstr. 200
Tel. 4395677
www.z-bau.info
Fr/Sa ab 22 Uhr, sonst je nach Veranstaltung

Revue

Das **„Paradies"** ist eines der ältesten Travestie-Cabarets Deutschlands – die Reife macht den Plüsch doppelt charmant.
(c 4) Südstadt, Bogenstr. 26
Tel. 44 39 91
www.paradies-cabaret.de
Showbeginn Do-Sa 20.30 Uhr

TIERGARTEN

Nur der zweitgrößte, aber der allerschönste Zoologische Garten Deutschlands. Er liegt in einem ehemaligen Sandsteinbruch mitten im Reichswald, die großen Gehege sind geschickt in die Landschaft eingepasst. Ein Meter über den Köpfen der Besucher flitzen Totenkopfäffchen zwischen Stall und Freigehege hin und her – fast alle ungefährlichen Tiere könnten ihre Anlagen verlassen, aber wenn die Äffchen mal einen Ausflug wagen, kommen sie auch bald zurück. Zu den wenigen, die sich die Mühe machen, ihr Quartier zu verlassen, gehören Murmeltiere und in Revierkämpfen unterlegene Böcke. Weitere Besonderheiten: die Panzernashörner (andere Zoos bevorzugen die behäbigeren, zweihörnigen Spitzmaulnashörner, aber Dürer hat nun mal das rabiate Einhorn gezeichnet) und der grandiose Aqua-Park (s. S. 10). Hier kann man Bibern, Ottern, Pinguinen, Seelöwen, Eisbären und demnächst auch Seekühen ganz nahe kommen. Die innige Vertrautheit zwischen Großen Tümmlern und ihren menschlichen Pflegern lässt sich bei den anrührenden Vorführungen im Delfinarium erleben – dieses wird in Kürze durch eine große Lagunenlandschaft erweitert.
(E 5) Am Tiergarten 30
Tel. 545 46
www.tiergarten.nuernberg.de
Vom Hbf.: Straßenbahnlinie 5
April-Sept. 8-19.30, Okt. 9-18, Nov.-März 9-17 Uhr; 7,50 €
(Kinder 3,70 €, Familie 18 €)

SCHIFFSAUSFLUG

Von 1960 bis 1992 wurde der Rhein-Main-Donau-Kanal gebaut, durch den der binnenländische Schiffsverkehr von der Nordsee bis ins Schwarze Meer möglich geworden ist. Die Handelsmetropole Nürnberg ist somit auf ihre alten Tage auch noch Hafenstadt geworden. Es legen vor allem Flusskreuzfahrtschiffe an, mit vielen älteren Amerikanern. Vom Bootsanlegesteg aus unternimmt die **„Neptun"** unter Kapitän Popp kleine Ausflüge, etwa eine zweistündige Hafenrundfahrt oder auch Törns nach Erlangen, Forchheim und Bamberg.
(C 6) Gebersdorf, Hügelstraße
Tel. 600 20 55, www.neptun-personenschifffahrt.de
Von U-Bahnhof Rothenburger Str. mit Bus 69 bis Rezatweg

MERIAN | BIOGRAFIE

Das Wunderkind

Schon mit drei konnte er lesen, mit 14 war er Magister, mit 19 tot: Jean Philippe Baratier

Jean Philippe Baratier hat nie eine Schule besucht. Als er jedoch eines Tages an der Universität Halle **14 Thesen zur Philosophie, Philologie und Astronomie** zur Diskussion stellt und mit den Gelehrten darüber debattiert, wird er spontan zum **Magister Artium** gekürt. Er ist Deutschlands jüngster Magister, das **Wunderkind aus Schwabach,** gerade mal 14 Jahre alt.

Im Januar **1721** war Jean Philippe geboren worden als Kind des Pastors der Hugenotten-Gemeinde. Der Kleine, wiewohl von „delikater Konstitution", nimmt eine rasante geistige Entwicklung. Er ist noch nicht drei, da kann er lesen. Noch nicht vier, da sprechen Vater und Sohn nur noch lateinisch miteinander. Mit viereinhalb fängt der Junge mit Griechisch an, mit knapp sechs lernt er Hebräisch und kann ohne Mühe den Koran lesen. In Geschichte und Theologie der antiken Kirche ist er eine Koryphäe, schon mit 13 haut er einem Autor namens Artemon dessen Ansichten über das Johannes-Evangelium um die Ohren.

Jean Philippe Baratier mit Athene, Göttin der Wissenschaft

Kaum hat er begonnen, sich für Astronomie und Mathematik zu begeistern, entwickelt er eine Methode zur Bestimmung der geografischen Länge und schickt das Manuskript an die Wissenschaftsgesellschaften in Berlin und London.

Er wird zum Star am preußischen Hof und Mitglied der der Königlichen Akademie der Wissenschaften. König Friedrich Wilhelm I. gewährt Jean Philippe ein Studium in Halle. Für die Jurisprudenz tut der Junge dort nur das Nötigste, umso mehr stürzt er sich in die Astronomie, die Physik, die Mathematik – und die Kirchengeschichte. In diesem Fach hält er auch Vorlesungen. Im Frühjahr **1739** wuchert bei Jean Philippe eine Geschwulst am Hals. Er weiß, dass ihm nicht mehr viel Zeit bleiben wird, beschäftigt sich nur noch mit den alten Ägyptern – und stirbt am **5. Oktober 1740**. Das Genie ist nur 19 Jahre alt geworden.

Jean Philippe Baratier. Das „Schwabacher Wunderkind"
Christoph Rückert, hg. vom Geschichts- und Heimatverein Schwabach, 1995, 3,50 € (Bezug: www.ghv-schwabach.de)

(C/D 8) SCHWABACH

Nahe bei Nürnberg liegen viele Städtchen und Städte, jede einst Residenz, Hauptstadt oder mindestens wichtiger Handelsplatz eines eigenen kleinen Landes und viele so schön, dass rechtens ihre Straßen voll mit Reisebussen wären – zöge nur der allzu nahe Magnet Nürnberg nicht alle Besucher an sich. Der reizvollste dieser Orte ist *Schwabach*. Der mittelalterliche Stadtgrundriss innerhalb der Ringstraßen ist ebenso erhalten wie ein großer Teil der stolzen Bauten aus der frühen Neuzeit bis zum 18. Jh. Dass auffällig vieles – Dächer, Denkmäler, Kirchturmspitzen – verschwenderisch glänzt, hat seinen Grund: Schwabach hat eine lange Tradition als Stadt der Goldschläger, auch heute noch gibt es hier *Blattgoldfabriken*. Mit selbstentwickelten Maschinen und nach wie vor viel Handarbeit werden etwa bei „Noris Blattgold" Goldblätter produziert, sieben millionstel Meter dünn und in mehr als 30 Farbschattierungen (durch Legierung mit Kupfer, Silber, Palladium oder Platin). Schönheiten anderer Art sind in der großen *Pfarrkirche* zu entdecken. Glück und Verstand haben wenigstens dies eine Mal über Jahrhunderte zusammengehalten: Die Kirche wurde in einer der künstlerisch spannendsten Perioden, an der Wende vom Mittelalter zur Neuzeit, erbaut. Die Schwabacher konnten es sich leisten, die besten Meister für die Ausstattung zu beauftragen. Gerade einmal dreißig Jahre später wurden Stadt und Kirche evangelisch – aber ähnlich wie in Nürnberg auf eine unaufgeregte Art, die den ästhetischen Wert der zehn Altäre weiterhin schätzte, auch wenn man als Lutheraner etwa einen Sebastian nicht mehr anbetet. Die Kunstwerke blieben vor den radikalreformatorischen Bilderstürmern geschützt – und natürlich ebenso vor den katholischen, als diese in ihren Territorien die Kirchen von dem altmodischen Kram befreiten und zu bunten barocken Palästen umbauten. Das Innere der Schwabacher Pfarrkirche ist bis heute, ein halbes Jahrtausend lang, praktisch unverändert geblieben. Der Respekt geht so weit, dass der Mesner die Flügel der Altäre in katholischer Manier öffnet und schließt. So sieht man am *Hochaltar* meist Bilder aus dem Wirken des hl. Martin und Johannes des Täufers. In der Passionszeit ist der Altar völlig geschlossen und zeigt auf seiner Außenseite die Leidensgeschichte Christi. Zu Ostern dann werden alle vier Flügel ausgeklappt, und im Mittelschrein erstrahlt die von Veit Stoß geschnitzte Marienkrönung neben den beiden Kirchenheiligen. Die Bilder stammen unter anderem von Dürers Lehrer *Michael Wolgemut*. Nehmen Sie sich Zeit für einen kleinen Bummel durch die schöne Stadt. Zum Beispiel auf der anderen Seite der Schwabach die *Bachgasse* und dann die *Benkendorferstraße* entlang, an deren Ende ein *Zollhaus* von *1744* steht: über Sandsteinquadern und toskanischen Säulen ragt weit das Fachwerkobergeschoss heraus. Schwabach gehörte bis *1806* den *Hohenzollern*, zur Markgrafschaft von *Brandenburg-Ansbach*. Deshalb ist der Adler auf dem *Brunnen am Königsplatz* rot – so gern die Schwabacher auch ihn vergoldet hätten.

Gasthof Goldener Stern
Hier findet man das Blattgold auf seinem Teller wieder, etwa ums Geflügel drapiert oder als Tupfer auf dem Dessert – eine solche Art der Speisedekoration ist keine Schwabacher Schrulle, sondern ein sehr alter Manierismus, der nicht nur im berühmten „Danziger Goldwasser" fortlebt, sondern indirekt sogar im Wiener Schnitzel: Das Vorbild seiner Panier ist der Goldmantel ums Kalbfleisch.
Königspl. 12, Tel. (091 22) 23 35
www.trutschel-goldstern.de

MERIAN | STADTPORTRÄTS

Nette Nachbarn

Erlangen und Fürth sind Städte, die seit jeher für Erneuerung, Frische und Glaubensfreiheit stehen

ERLANGEN Der erste Eindruck, wenn man von Nürnberg nach Erlangen kommt: die Stadt ist voll junger Leute auf Fahrrädern. Denn Erlangen hat eine Universität, von der es seinem größeren Nachbarn nur wenige Brosamen wie die Wirtschafts- und Sozialwissenschaftliche Fakultät überlässt. Seit der Ansiedlung der Siemens-Hauptverwaltung (1947) und der Gründung der Technischen Fakultät (1966) ist das Studentenstädtchen zu einer Hightech-Hochburg geworden.
Nicht die erste Wandlung – Erlangen hat sich mehrfach selbst erneuert. Der Ort lag günstig am Weg von München und Nürnberg nach Norden und an der „Eisenstraße" vom Rheinland nach Böhmen. Dieser Vorzug verkehrte sich im Dreißigjährigen Krieg ins Gegenteil – mehrfach wurde Erlangen geplündert, gebrandschatzt und abgebrannt; was an Altertümern noch übriggeblieben war, fiel 1706 einem großen Feuer zum Opfer.
Zu diesem Zeitpunkt hatte die Erlanger Altstadt schon eine schöne Nachbarin bekommen. Markgraf Christian Ernst von Brandenburg-Bayreuth erließ 1685 ein „Privileg", in dem er den aus Frankreich vertriebenen protestantischen Glaubensflüchtlingen eine Ansiedlung schmackhaft machte: vollständige Religionsfreiheit und Steuervorteile. Südlich von Erlangen ließ der markgräfliche Baumeister Johann Moritz Richter eine barocke Idealstadt errichten, fast exakt nach dem Goldenen Schnitt in einem Rechteck von 421 mal 324 Metern konstruiert. Die Mittelachse (sie heißt auch heute noch einfach „Hauptstraße") bildet die Straße nach Süden, um sie gruppierte Richter dreistöckige, rechteckige Häuserblöcke. Besucher aus dem mittelalterlich-engen Nürnberg waren begeistert von der modernen Stadt. Die Hugenotten waren von „Christian-Erlang", wie die neue Stadt bald hieß, weniger angetan; die Hoffnung des Markgrafen, dass er viele wohlhabende Kaufleute in sein Land locken könnte, erfüllte sich nicht. Sie zogen lieber in größere Residenzen wie Kassel oder Berlin. Immerhin kamen Handwerker, die Stadt wurde zu einem Zentrum der Strumpfwirkerei, Handschuhindustrie und Hutmacherei. Und zur Residenzstadt: Östlich der Stadt wurde 1700–04 ein modernes Schloss gebaut, das die sachliche Klarheit und Dreigeschossigkeit der Musterstadt aufgriff. Es war freilich nur Nebenresidenz und diente oft als Witwensitz, Hauptstadt des Markgrafentums blieb Bayreuth.
Dort gab es 1742 Auseinandersetzungen zwischen Garnisonssoldaten und Studenten der soeben gegründeten Akademie. Der Markgraf ließ die Universität nach Christian-Erlang verlegen, wo schon seit 1699 eine kleine Bildungseinrichtung für Adlige, die Ritterakademie, existierte.
Hugenotten, Hofstaat, Professoren und Studenten: dem hatte die Altstadt mehr entgegenzusetzen. Aber erst 1812 wurden „Erlang" und „Christian-Erlang" zur gemeinsam verwalteten Stadt Erlangen vereinigt.
Wer heute am Bahnhof aussteigt, hat den Eindruck, direkt im Stadtzentrum angelangt zu sein, denn er steht gleich vor der imposanten Hugenottenkirche. Diese wurde 1693 aber extra etwas außerhalb, beim südlichen Eingang zur barocken Planstadt, gebaut. Im Kircheninneren erkennt man deutlich, dass die französischen Flüchtlinge zur reformierten Form des Protestantismus gehörten: Hinter dem einfachen Altar ragt prominent die Kanzel auf; sie ist den Reformierten das Wichtigste: Die Predigt steht im Mittelpunkt.
Selbst wer wenig Zeit hat, sollte, an der Orangerie vorbei, den nordöstlich anschließenden Botanischen Garten mit Gewächshäusern und Wasserfällen besuchen und das angrenzende Rokoko-Markgrafentheater anschauen. Und sich, danach, im Schloßgarten zu den jungen Leuten setzen.

FÜRTH Sie mag die „kleine, schönere Schwester" sein; auf jeden Fall ist die Stadt Fürth älter als ihre Nachbarmetropole Nürnberg: Das 1000-jährige Jubiläum feiert Fürth 2007, die Noris bringt es nur auf 943 Jahre. 1007 schenkte Kaiser Heinrich II. sein „locum Furti dictum" dem Domkapitel Bamberg. In der Urkunde wird ein Gemeinwesen beschrieben, das schon etabliert ist; Kirchen, Mühlen, Brücken sind vorhanden.
Eine geschichtliche Besonderheit war die Jahrhunderte währende Dreierherrschaft über die Stadt: die Dompropstei Bamberg, die Markgrafschaft Ansbach und die Reichsstadt Nürnberg stritten sich um die Macht in Fürth (das dreiblättrige Kleeblatt im Wappen symbolisiert diese Kuriosität). Das hatte auch gute Seiten. Was der eine nicht gewährte, war vom anderen zu holen. So entstanden in Fürth Verhältnisse, die freiheitlicher waren als in irgendeiner anderen Stadt weit und breit. Nicht zuletzt dies war ein Grund dafür, dass sich zahlreiche jüdische Bürger hier ansiedelten (s. S. 92).
Fürth stand stets im Schatten Nürnbergs. Im Zweiten Weltkrieg ein Vorteil: Die Alliierten hatten zu viel zu tun mit der Bombardierung der „Stadt der Reichsparteitage" und ließen Fürth links liegen. So besitzt die Stadt heute eine hohe Dichte an Baudenkmälern, mehrere Straßenzüge mit geschlossener Bebauung aus dem 19. Jh. im Gründerzeit- und Jugendstil prägen das Bild der Innenstadt. Auch wirtschaftlich hat Fürth keinen Grund, sein Licht unter den Scheffel zu stellen: Hier gab es eine bedeutende Spielwarenindustrie, Gustav Schickedanz gründete sein Großversandhaus „Quelle", Max Grundig baute einen kleinen Rundfunkladen zum Unterhaltungselektronikkonzern aus. Auch der „Vater des deutschen Wirtschaftswunders", der spätere Bundeskanzler Ludwig Erhard, war ein waschechter Fürther.

ERLANGEN

Sehenswert

Stadtmuseum
Untergebracht im ehemaligen Rathaus der Altstadt, zeigt die Sammlung die Geschichte der Stadt. Besonders interessant: Alltagsleben und Handwerke der Hugenotten.
Martin-Luther-Platz 9
Tel. (091 31) 86 23 00
www.erlangen.de/stadtmuseum
Di und Mi 9-17 Uhr
Do 9-20, Fr 9-13 Uhr
Sa und So 11-17 Uhr;
Eintritt 3 €

Bergkirchweih
Auch die Universität hat in den zwölf wichtigsten Tagen des Jahres vorlesungsfrei. Auf den Felskellern am (burglosen) Burgberg sitzt halb Franken und genießt die Kirchweihbiere der Brauereien Kitzmann und Steinbach.
Beginn: Do vor Pfingsten

Internationaler Comic-Salon
Östlich des Rheins das größte und wichtigste europäische Festival zu Comics und Bandes dessinées. Hier waren schon Moebius und Tardi, Uderzo und Crumb, Kreitz und König.
www.comic-salon.de
22.-25. Mai 2008

Essen+Trinken

Café Moravia
Nette Bedienung, Frühstück gibt es auch für Langschläfer, unkomplizierte mediterrane Küche.
Theaterstraße 6
Tel. (091 31) 89 78 11
Mo-Fr 9-1,
Sa, So 10-1 Uhr

Muskat
Abwechslungsreiche Gerichte aus streng biologischen Zutaten.
Hauptstraße 41
Tel. (091 31) 97 43 43
Mo, Di 9-20, Mi-Sa 9-24
So 10-24 Uhr

FÜRTH

Sehenswert

Stadtmuseum Ludwig Erhard
In aufwändig renovierten ehemaligen Schulräumen wird ab 2008 die bewegte Geschichte der Stadt präsentiert. Bis dahin gibt es Sonderausstellungen.
Ottostraße 2
Tel. (09 11) 97 92 22 90

Stadttheater
Eines der schönsten Bauwerke der Stadt, von der Bevölkerung vor gut 100 Jahren mittels Spenden selbst finanziert – und bis heute geliebt: Die Auslastung beträgt 90 Prozent.
Königstr. 116
Tel. (09 11) 974 24 10
www.stadttheater.fuerth.de

Schloss Burgfarrnbach
Die gewaltigste spätklassizistische Schlossanlage (1834). Kilometerlange Bibliotheks- und Archivgänge, Museum.
Burgfarrnbach, Schlosshof 12
Tel. (09 11) 97 53 43
Führungen stdl. Di-Do 10-15 Uhr, 2. u. 4. So 10, 11, 12 Uhr

Playmobil-Funpark
Etwas südlich von Fürth sind die Playmobilfiguren menschengroß, und zum Spielen (im Wilden Westen, auf dem Bauernhof, als Pirat oder Ritter) muss man die eigenen Arme und Beine bewegen. Den Kindern macht's trotzdem Spaß.
Zirndorf, Brandstätterstr. 2
Tel. (09 11) 96 66 17 00
tgl. 9-18 Uhr, 5 (Winter) bis 9 €

Essen+Trinken

Comödie
Vielleicht wollen Sie sich sogar Kabarett oder Auftritte von Komödianten anschauen. Wenn nicht, lohnt sich der Besuch des feinen Jugendstilgebäudes dennoch: Es gibt geniale „fränkische Tapas", winzige Klöße mit Minischäufele zum Beispiel.
Theresienstr. 1, Tel. (09 11) 74 92 99 47, www.comoedie.de
Di-Sa 17-1, Sa 9.30-22 Uhr

>> Mehr Fürth-Adressen auf S. 97

„Hesperidengärten" nach mythologischem Vorbild der Griechen legten sich ab 1650 reiche Bürger vor der Stadt an. Das barocke Paradies in der Johannisstr. 47 wurde 1985 rekonstruiert

Den Fluss entlang

Die Pegnitz rauf oder runter zu wandern ist eine Erholungsreise ins Grüne

Nürnberg ist eine steinerne Stadt. Nach ein oder zwei Tagen haben Sie sich eine Erholung im Grünen verdient! Da gibt es drei Möglichkeiten. Erstens: (fast) rund um die Altstadt den angenehm kühlen **Stadtgraben** (s. S. 113). Oder zweitens, vom Hauptmarkt aus am schnellsten, die **Pegnitz hinauf, Tour A:** Westlich des Heilig-Geist-Spitals, am „Männereisen", dem Schuldturm ❶ von 1323, geht es auf die Insel Schütt ❷, zusammen mit vielen jungen Leuten: Studenten, die dann teils nach rechts zur Bibliothek (oder ins Kino?) eilen, teils nach links in der Mensa verschwinden, während Sie geradeaus durchs Kasemattentor die Altstadt verlassen. Unter zwei Straßenbrücken und am Eingang zur U-Bahn vorbei, zwei Stege noch, schon ist die Wöhrder Wiese erreicht. Dort sitzt im Sommer *tout Nuremberg*: Sekretärinnen in der Mittagspause, Gruppen von Jugendlichen, manche mit Gitarre, Liebespärchen, Klein- und Großfamilien. Erproben Sie sich noch auf dem sehr spannenden Erfahrungsfeld zur Entfaltung der Sinne *(Mai bis Anfang Sept., Mo-Fr 9-18, Sa 13-18, So 10-18 Uhr; 6,50 Euro)* – oder Sie holen sich gleich ein Kellerbier der Buttenheimer Löwenbräu im Biergarten ❸ *(Mai bis letzter So der bayer. Sommerferien, Sa 13-22, So-Fr 10-22 Uhr)* und legen auf der grünen Wiese die Beine hoch.

Am meisten zu entdecken gibt's aber die **Pegnitz hinunter, Tour B:** Schön ist schon der inneraltstädtische Weg von der Museumsbrücke ➊ (beim Hauptmarkt) den Fluss entlang, über Henkersteg ➋ und Unschlittplatz ➌ und mit dem Bilderbuchblick vom Kettensteg ➍. Hinaus durchs Hallertor ➎ auf die Hallerwiese. Von der Großweidenmühlstraße steil die Lindengasse hoch. Hier ist der Hintereingang zu den bezaubernden barocken Hesperidengärten ➏. Gleich westlich davon liegt der Johannisfriedhof ➐. Eine grüne Insel der Nürnberger Art: mit viel Stein! Seit einem halben Jahrtausend werden hier die Bewohner der Sebalder Stadthälfte bestattet. Zu den berühmtesten Grabstätten (Dürer, Feuerbach) weisen dezente Pfeile, an der Kirchnerwohnung wird ein Führer mit Plan verkauft. Durchs Westpförtchen auf die Brückenstraße (vor Nr. 16 rechts zwischen den Häusern durchgehen und bei Fraunholz Lebkuchen kaufen!). Runter zur Pegnitz, ins großzügige, etwas vernachlässigte Freibad West *(Wasser: 23 °C; tgl. 8-20 Uhr; 3,40 Euro)* oder links über den Ledererssteg zum großen Biergarten der Lederer-Kulturbrauerei *(Sielstr. 12, tgl. 11-23 Uhr)*. Oder einfach gemütlich weiter am Fluss entlang – außer zwei Zwiebeltürmchen ist bald kein Stein mehr zu sehen.

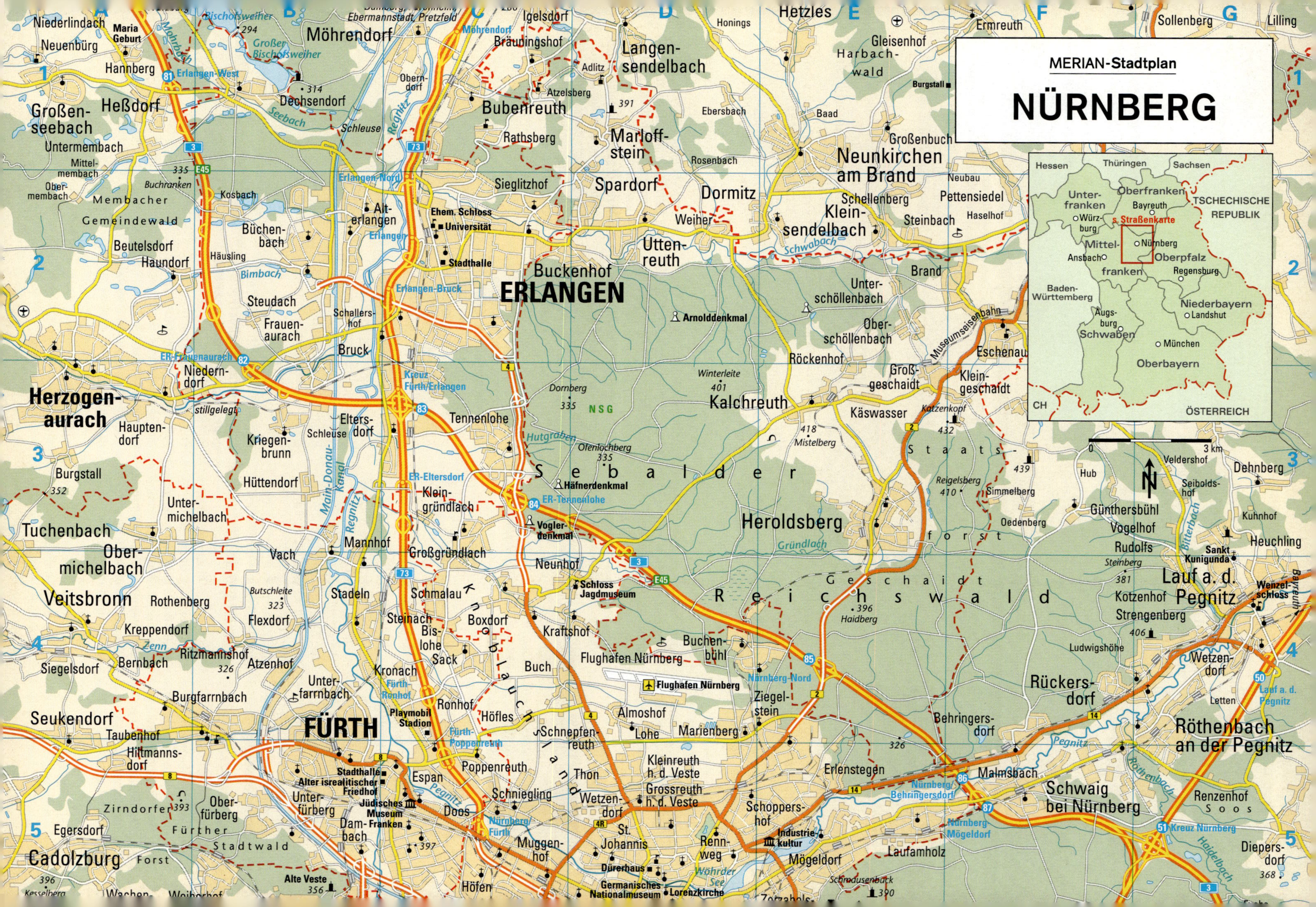

MERIAN-Stadtplan
NÜRNBERG
Hessen
Thüringen
Sachsen
Unter-franken
Oberfranken
TSCHECHISCHE REPUBLIK
Würzburg
Bayreuth
Straßenkarte
Nürnberg
Mittel-franken
Ansbach
Oberpfalz
Regensburg
Baden-Württemberg
Niederbayern
Landshut
Augsburg
Schwaben
München
Oberbayern
CH
ÖSTERREICH
0
3 km
ERLANGEN
FÜRTH
Herzogenaurach
Möhrendorf
Bubenreuth
Marloffstein
Spardorf
Dormitz
Uttenreuth
Buckenhof
Langensendelbach
Neunkirchen am Brand
Kleinsendelbach
Heßdorf
Großenseebach
Kalchreuth
Heroldsberg
Sebalder
Reichswald
Lauf a. d. Pegnitz
Röthenbach an der Pegnitz
Schwaig bei Nürnberg
Rückersdorf
Tennenlohe
Veitsbronn
Obermichelbach
Tuchenbach
Seukendorf
Cadolzburg
Flughafen Nürnberg
Knoblauchsland
Ziegelstein
Mögeldorf
Laufamholz
Erlenstegen
Malmsbach
Schoppershof
Stadthalle
Universität
Ehem. Schloss
Arnolddenkmal
Hafnerdenkmal
Voglerdenkmal
Schloss Jagdmuseum
Playmobil Stadion
Alter israelitischer Friedhof
Jüdisches Museum Franken
Alte Veste
Germanisches Nationalmuseum
Lorenzkirche
Dürerhaus
Industriekultur
Poppenreuth
Schniegling
Muggenhof
St. Johannis
Wetzendorf
Thon
Großreuth h. d. Veste
Kleinreuth h. d. Veste
Almoshof
Lohe
Marienberg
Buchenbühl
Kraftshof
Neunhof
Buch
Boxdorf
Großgründlach
Kleingründlach
Schmalau
Steinach
Bislohe
Sack
Kronach
Ronhof
Höfles
Stadeln
Mannhof
Vach
Unterfarrnbach
Unterfürberg
Dambach
Doos
Espan
Oberfürberg
Hiltmannsdorf
Taubenhof
Burgfarrnbach
Atzenhof
Ritzmannshof
Flexdorf
Kreppendorf
Rothenberg
Siegelsdorf
Bernbach
Untermichelbach
Hüttendorf
Kriegenbrunn
Eltersdorf
Schleuse
Bruck
Frauenaurach
Steudach
Büchenbach
Alterlangen
Sieglitzhof
Rathsberg
Atzelsberg
Adlitz
Bräuningshof
Igelsdorf
Dechsendorf
Kosbach
Häusling
Haundorf
Beutelsdorf
Niederndorf
Hauptendorf
Burgstall
Untermembach
Mittelmembach
Obermembach
Hannberg
Neuenbürg
Niederlindach
Maria Geburt
Großer Bischofsweiher
Hetzles
Honings
Ebersbach
Rosenbach
Weiher
Baad
Gleisenhof
Harbachwald
Großenbuch
Burgstall
Erlenreuth
Sollenberg
Lilling
Neubau
Pettensiedel
Haselhof
Schellenberg
Steinbach
Brand
Unterschöllenbach
Oberschöllenbach
Röckenhof
Großgeschaidt
Kleingeschaidt
Eschenau
Käswasser
Mistelberg
Staatsforst
Geschaidt
Dehnberg
Veldershof
Seibolds-hof
Hub
Günthersbühl
Vogelhof
Rudolfs
Simmelberg
Oedenberg
Kuhnhof
Heuchling
Sankt Kunigunda
Kotzenhof
Strengenberg
Ludwigshöhe
Wetzendorf
Letten
Wenzelschloss
Renzenhof
Soos
Diepersdorf
Behringersdorf
Zirndorf
Fürther Stadtwald
Forst
Egersdorf
Höfen
Wöhrder See
Rennweg
Erlangen-West
Erlangen-Nord
Erlangen-Bruck
ER-Frauenaurach
Kreuz Fürth/Erlangen
ER-Eltersdorf
ER-Tennenlohe
Fürth-Ronhof
Fürth-Poppenreuth
Nürnberg/Fürth
Nürnberg-Nord
Nürnberg/Behringersdorf
Nürnberg-Mögeldorf
Kreuz Nürnberg
Lauf a. d. Pegnitz
Main-Donau-Kanal
Regnitz
Pegnitz
Schwabach
Seebach
Bimbach
Zenn
Gründlach
Hutgraben
Röthenbach
Haidelbach
Bitterbach
Mohrbach
NSG
Museumseisenbahn
Winterleite
Dornberg
Ofenlochberg
Reigelsberg
Haidberg
Butschleite

Von der Pegnitz durchflossen und einer Mauer beschützt, bietet sich Nürnberg heute dar wie zu Zeiten des großen Kupferstechers Matthäus Merian in der Mitte des 17. Jahrhunderts

Stadt(ver)führungen
Am zweiten Juniwochenende lernt man verborgene, geschichtsträchtige und kuriose Orte der Stadt kennen.
www.stadtverfuehrungen.nuernberg.de

Internationale Orgelwoche
In Kirchen und Konzertstätten gibt es alte und neue, aber immer geistliche Musik zu hören.
www.ion-musica-sacra.de

Juli
Südstadtfest
Am ersten Juliwochenende feiern Nürnberger verschiedenster Herkunft ein Fest mit exotischen Musik- und Essgenüssen.
(d 5) Ritter-von-Schuh-Platz
www.suedstadtfest.de

Bardentreffen
Wer hier an Troubadix denkt, liegt (meist) falsch: Die Innenstadt ist am ersten Schulferienwochenende voll mit Musikern aus aller Welt, die auf unterschiedlichsten Instrumenten Lieder und Stücke jeder Art vortragen – einzige Bedingung: ohne Verstärker. Die werden auf den acht Bühnen umso mehr aufgedreht (der schönste Ort: die Katharinenruine). Alles frei.
www.bardentreffen.de

Juli/August
Klassik Open Air
In entspannter Picknickatmosphäre lassen sich Zehntausende bei zwei Freikonzerten von großen Meistern bannen.
(D 6) Luitpoldhain
www.klassikopenair.de

Ritterspiele
Drei Tage wilde Mittelalterhorden und Ritter im Burggraben.
www.events-nuernberg.de/ritterspiele

September
Trempelmarkt
Flohmarkt in der Altstadt.

Altstadtfest
Folklore und Jazzkonzerte, Hans-Sachs-Spiele und großer Festzug, Kasperltheater und Travestie-Cabaret: zwölf tolle Tage in der Innenstadt.
www.altstadtfest-nuernberg.de

Dezember
Christkindlesmarkt
Jahreshöhepunkt (s. S. 114).

BÜCHER

Nürnberg · Fürth · Erlangen **Ralf Nestmeyer, Verlag Michael Müller, 2006, 9,90 €** Heimspiel für den zuverlässigen Erlanger Reisebuchverlag: Liebevoll werden nicht nur Nürnbergs Altertümer, sondern auch Geschichte und Bauten des 19./20. Jh.s ausführlich und kritisch vorgestellt.

Geschichte Nürnbergs **Martin Schieber, C. H. Beck, 2007, 14,90 €** Die Historiker des Vereins „Geschichte für Alle“ machen spannende Stadtführungen (s. S. 107) – ihr reich illustriertes Buch ist ebenso lebendig.

Tatort Nürnberg **Steffen Radlmaier, Siegfried Zelnhefer, Ars Vivendi, 2002, 13,90 €** Seit die meisten Täter an Altersschwäche gestorben sind, verleugnet oder verharmlost die Stadt ihre NS-Vergangenheit nicht mehr. Ein Reiseführer zu den bösen Orten (s. S. 84).

Nürnberg **Peter Fleischmann, DuMont-Kunst-Reiseführer, 2002, vergriffen** Das Nonplusultra. Vielleicht verleiht Ihre Stadtbücherei ein Exemplar.

Nürnberg. Die historische Altstadt **Pablo de la Riestra, Verlag Michael Imhof, 2005, 19,80 €** Ein Architekturbuch, wie man sich viele wünschen würde: kluge Fotografien, präzise Zeichnungen und fundierte Beschreibungen von mehr als 170 Gebäuden der Altstadt. Dazu eine ausführliche architekturgeschichtliche Würdigung Nürnbergs, mit besonderem Augenmerk auf Details wie Erker, Chörlein, Gaupen und Kirchenmäuschen.

Franken-Panorama **Herbert Liedel, Helmut Fischer (Fotografie), Edition Braus, erscheint im Herbst 2007, 39,90 €** Fränkische Städte und Landschaften, brillant fotografiert – ein Beispiel finden Sie in diesem MERIAN auf S. 114/115, aber im einzigartigen Panoramabildband ist es 65 cm breit.

Die Stadt in Zahlen

Mehr als 2 Millionen Übernachtungen registrierte der Tourismusverband im Jahr 2006, ein Drittel davon Touristen. 25 Prozent der Nürnbergbesucher kommen aus dem Ausland, Italiener und US-Amerikaner belegten in den vergangenen Jahren abwechselnd Platz 1.
Einwohner 500 000, davon 90 000 Ausländer.
Fläche Nach großzügigen Eingemeindungen heute 190 km²; Altstadt: 1,6 km².
Straßen 1138,8 km, auf die sich 254 063 Kraftfahrzeuge mit Kennzeichen „N“ verteilen (jedes hat also 4,50 m Raum).
Religion Durch Ratsbeschluss seit März 1525 evangelisch. 1806 mussten katholische Gottesdienste zugelassen werden, die sich vor allem mit Arbeitsmigranten aus der Oberpfalz füllten. Heute sind die Gruppen der Protestanten, Katholiken und Konfessionslosen mit jeweils um 30 Prozent etwa gleich groß.
Verbrechen Die Nürnberger Polizei rühmt sich der höchsten Aufklärungsquote in den deutschen Städten mit mehr als 300 000 Einwohnern.

ANREISE

Mit der Bahn
In die deutsche Eisenbahnstadt Nr. 1 kommt man von überallher schnell (Berlin, Hamburg oder Dresden: 4½, Köln 3½, München 1 Std.).

Mit dem Flugzeug
Im Knoblauchsland nördlich der Stadt liegt Deutschlands drittgrößter Umsteigeflughafen, Drehscheibe mancher Gesellschaft. Deshalb kann man hierher häufig günstige Inlandflüge buchen. Schneller und komfortabler U-Bahn-Anschluss.
www.airport-nuernberg.de

Mit dem Auto
Anreisevorschlag aus dem Norden: von der A 7 beim Dreieck Schweinfurt/Werneck auf die A 70 und das wunderbare Bamberg besuchen. Weiter auf der A 73; wenn's schon später ist, bei der Ausfahrt Buttenheim raus, in einem der beiden Brauereigasthöfe (beide Marktstr.) speisen und im anderen übernachten.
Löwenbräu: Tel. (095 45) 332
St.-Georgen-Bräu:
Tel. (095 45) 15 54

UNTERWEGS

Nürnberg-Card
2 Tage freie Fahrt in Nürnberg/Fürth, freier Eintritt in die Museen in Nürnberg, Fürth, Erlangen und Schwabach. Nur für Hotelgäste in einer der Städte.
Tourismuszentrale (s.o.) 19 €

Mit dem Auto unterwegs
In der Altstadt soll schon mal ein freier Parkplatz nahe dem Hans-Sachs-Platz gesichtet worden sein. Falschparken ist nicht ratsam: es wimmelt von humorlosen, meist männlichen „Politessen".

Verkehrsverbund Großraum Nürnberg (VGN)
Der Nahverkehr bringt Sie überall in Nürnberg schnell zum Ziel. In den **Bussen** können Sie beim Fahrer einen Fahrschein lösen. Das geht in der **Straßenbahn** nicht. Doch auch bei größeren Straßenbahnhaltestellen (Zeichen: „Tram", aber diesen Ausdruck benutzt in Nürnberg niemand) findet man nach längerer Suche immer nur einen einzigen **Fahrkartenautomaten**. Wenn der modern ist, hat er einen Touchscreen und piepst viel, während man sich durch die verschachtelte Abfrage drückt, nimmt aber keine Geldscheine an. Konsequenz: Kaufen Sie sich am Bahnhof oder am Kiosk eine **Tageskarte**, die am Wochenende sogar zwei Tage (Sa/So) gültig ist. Für Nürnberg plus Fürth reicht Preisstufe 2. Wenn Sie sich im **gesamten, riesigen Gebiet** des Verkehrsverbunds bewegen wollen – von Rothenburg ob der Tauber bis Amberg in der Oberpfalz, von Ebermannstadt in der Fränkischen Schweiz bis zum Fossilienparadies Solnhofen –, ist das sehr preisgünstig möglich. **S- und Regionalbahnen** fahren recht häufig und schnell. In ländlichen Gebieten, zum Beispiel in der Fränkischen Schweiz, sind die Busverbindungen zumal in den Schulferien und am Wochenende rar; machen Sie sich über das komplizierte System der Anrufsammeltaxis kundig. Dabei helfen gern und freundlich die VGN-Mitarbeiter, die im unterirdischen Dunkel zwischen Hauptbahnhof und Altstadt ihre Beratungsstelle haben, wo sie auch den passenden Fahrschein verkaufen. Nehmen Sie dort den **Prospekt „Unterwegs in Nürnberg"** mit: an den Haltestellen hängen diese Stadtpläne mit allen Bus-, Straßen-, U-, S- und Regionalbahnstrecken in Nürnberg und Fürth nicht aus.
www.vgn.de
Tageskarte: 1 Person, Preisstufe 2 (Nürnberg und Fürth): 3,60 €; 2 Erw. u. 4 Kinder, Preisstufe 2: 6,30 €, Gesamtgebiet: 13,80 €. Die Wochenkarte lohnt sich für 2 Erw. (u. 4 Kinder) ab drei Tagen, gilt aber Mo bis Fr erst ab 9 Uhr (16,40 € für Nürnberg und Fürth).

Aus dem Knoblauchsland in die Welt: Flughafen Nürnberg

INTERNET

(c 3) Computerclub CCN 50plus
Zentraler geht's nicht: Im Seniorentreff Heilig-Geist dürfen auch Junioren gegen geringes Entgelt ihre E-Mails abrufen.
Sebald, Spitalgasse 22
Tel. 992 83 52
www.ccn50plus.de
Mo-Fr 10-18 Uhr

VERANSTALTUNGSKALENDER

Mai
Trempelmarkt
Ein Wochenende lang (und noch einmal im September) wird die Altstadt zum wohl größten Flohmarkt Deutschlands.

Die Blaue Nacht
Eine Samstagnacht Mitte Mai: Museen und Kultureinrichtungen in der Altstadt bieten ein aufregendes Programm, nicht nur mit Lichtinstallationen. Vieles ist frei, für den Rest reicht eine (blaue) Karte (11 €).
www.blauenacht.nuernberg.de

Mai/Juni
Erlanger Bergkirchweih
Eigentlich nennen wir hier nur Nürnberger Termine. Aber zu den 12 Tagen um Pfingsten, der fünften oder besser: ersten Erlanger Jahreszeit, hält es selbst die Nürnberger nicht mehr in ihrer Stadt. Ganz Franken feiert auf den Felsenkellern am Burgberg.
www.der-berg-ruft.de

Juni
Rock im Park
Am ersten Juniwochenende auf dem Zeppelinfeld am Dutzendteich: 3 Tage, 3 Bühnen, 88 Bands, 60 000 Besucher (Karte ab 111 €).
www.rock-im-park.de

Fränkisches Bierfest
Im Burggraben werden an vier Tagen regionale Spezialitäten ausgeschenkt.

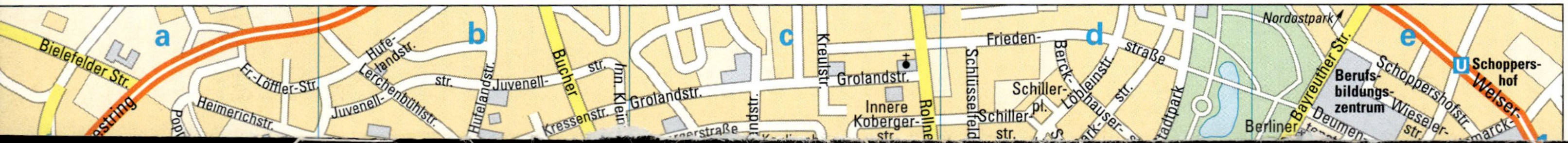

Sehenswert

Albrecht-Dürer-Haus .... c 2
Burg .... c 2
Cinecittà mit IMAX-Kino .... d 3
Der schöne Brunnen (Hauptmarkt) .... c 3
Dokumentations-Zentrum .... E 6
Felsengänge, Felsenkeller, Kunst-
...kenanlagen

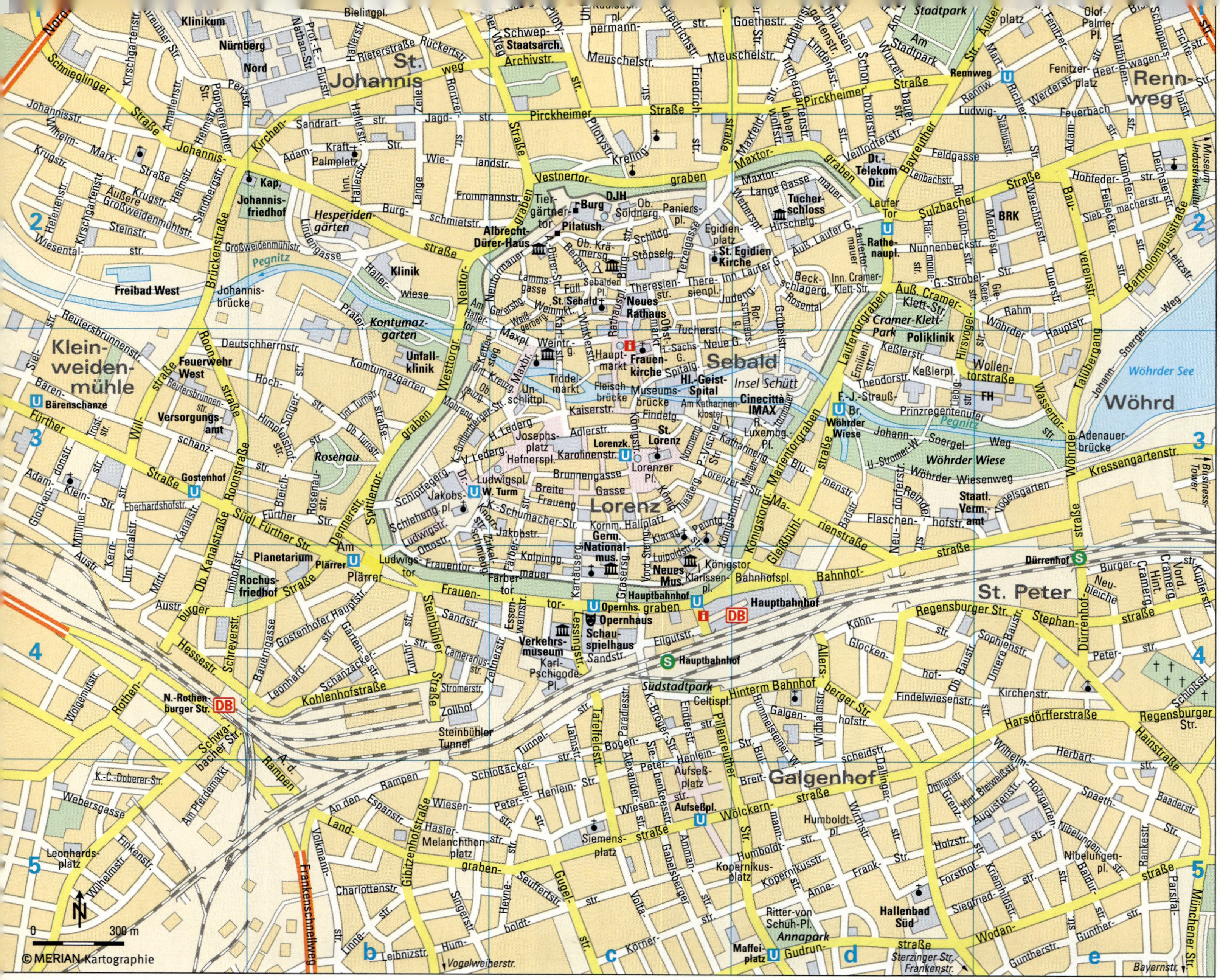

St. Johannis
Renn-weg
Klein-weiden-mühle
Sebald
Lorenz
Wöhrd
St. Peter
Galgenhof
Hesperiden-gärten
Wöhrder See
Wöhrder Wiese
Insel Schütt
Südstadtpark
Stadtpark
Annapark
Rosenau
Hauptbahnhof
Pegnitz
Frankenschnellweg
300 m
© MERIAN-Kartographie

Autobahn
Autobahnähnliche Straße
Fernverkehrsstraße
Hauptstraße
Nebenstraße
Flughafen
Bahnhof
U-, S-Bahn
Schloss, Burg
Kirche; Kloster
Turm
Theater
Museum
Denkmal
Information
Fußgängerzone
Stadtmauer
© MERIAN-Kartographie

GESCHICHTSDATEN

1007 Kaiser Heinrich II. gründet das Bistum Bamberg und schenkt dem Domkapitel mehrere Ortschaften: erste Erwähnung Fürths.
1050 Die Leibeigene Sigena wird von Heinrich III. zur Freien erklärt: erste Erwähnung Nürnbergs. Der Kaiserstützpunkt auf dem Sandsteinfelsen über der Pegnitz dürfte etwa zehn Jahre zuvor angelegt worden sein. Der Ort hatte von Beginn an Marktrecht.
1130 Für wenige Jahre gehören Burg und Siedlung zum Herzogtum Bayern.
ab 1138 Unter den staufischen Herrschern beginnt die besondere Bevorzugung Nürnbergs als Kaiserpfalz. Kaiser Friedrich Barbarossa hält hier zwischen 1152 und 1190 fünf Hoftage ab. Links der Pegnitz wird eine Planstadt für das Handwerk angelegt, die heutige Lorenzer Seite.
1219 „Großer Freiheitsbrief": Kaiser Friedrich II. verleiht seiner Reichsstadt viele Privilegien.
1298 Judenpogrome in Franken. In Nürnberg werden 628 Männer, Frauen und Kinder umgebracht, unter ihnen der Dichter und Talmudkommentator Mordechai ben Hillel mit seiner Familie.
1348/49 Mit Hilfe der Handwerkerschaft entmachtet eine Gruppe von Patriziern vorübergehend die herrschenden alten Familien. Nach kaiserlicher Intervention wird die oligarchische Ratsverfassung wiederhergestellt, die Organisation in Zünften bleibt den Nürnberger Handwerkern verwehrt.
1349 562 Juden werden erschlagen oder verbrannt, ihre Siedlung und die Synagoge zerstört, damit dort Marktplätze (heute Hauptmarkt) und Frauenkirche entstehen können.
1356 Die „Goldene Bulle" Karls IV. bestimmt Nürnberg zum Ort des ersten Reichstags jedes neugewählten Kaisers.
1424 Die Reichskleinodien kommen „auf ewige Zeiten" in die Kirche des Heilig-Geist-Spitals.
1471-1528 Albrecht Dürer.
1499 Nürnberg vertreibt alle Juden. In Fürth werden viele aufgenommen.
1525 Nach mehrtägigem Religionsgespräch entscheidet der Rat, dass Nürnberg evangelisch wird.
1543 Der letzte Reichstag in Nürnberg.
1618-48 Dreißigjähriger Krieg: Verwüstung des Umlands, Einquartierung und Heereslager mit Zehntausenden von Soldaten führen zu großer Hungersnot. Zwei Drittel der Bevölkerung sterben an Seuchen und Unterernährung. Im Versuch, die Bedrohung durch den katholischen bayerischen Kurfürsten einzudämmen, verschenkt der Rat die schönsten Dürerwerke nach München.
1649/50 Friedensexekutionskongress: Kommissäre des Kaisers, Schwedens, Frankreichs und der Reichsstände regeln die praktische Umsetzung des Westfälischen Friedensschlusses. Letzte reichspolitisch bedeutsame Veranstaltung in Nürnberg.
17./18. Jh. Die im Dreißigjährigen Krieg angehäuften Schulden und die zur Blütezeit festgelegten Reichssteuern lähmen die Wirtschaft. Es florieren Künste und Buchdruck.
1791-95 Preußen und Bayern eignen sich fast die gesamten Nürnberger Besitzungen außerhalb der Stadtmauern an.
1796 Die Reichskleinodien werden aus der Stadt verbracht (sie gelangen später nach Wien), weil französische Truppen anrücken. Nürnberg dient sich vergeblich Preußen an.
1806 Nürnberg ist keine Reichsstadt mehr: In der Rheinbundakte wird es Bayern zugeschlagen.
ab 1833 Seit Gründung des Deutschen Zollvereins beginnt sich Nürnberg zu einer Stadt der Arbeit und Industrie zu entwickeln: Spielwaren, Maschinenbau, Metall- und Elektroindustrie, Zweiradfabrikation.
1835 Erste deutsche Eisenbahn Nürnberg – Fürth.
1850 Nach mehr als 350 Jahren wird einem Juden Wohnsitznahme in Nürnberg gestattet.
1852 Beschluss zur Schaffung eines Germanischen Nationalmuseums.
1900 Der 1. Fußball-Club Nürnberg wird gegründet.
1923 Julius Streicher beginnt mit der Herausgabe des antisemitischen Hetzblatts „Der Stürmer".
1927 Die NSDAP hält erstmals einen Parteitag in Nürnberg (auf dem Hauptmarkt) ab.
1933-38 Für die Reichsparteitage (jährl. im Sept.) werden riesige Aufmarschplätze und Anlagen gebaut.
1935 Antisemitische „Nürnberger Gesetze".
1938 Abriss bzw. Zerstörung der Synagogen.
1941-44 Fast 2000 Juden werden aus Nürnberg deportiert. Von ihnen überleben 72.
1945 Ein Bombardement zerstört fast vollständig die Altstadt.
1945/46 „Nürnberger Prozesse" gegen die Hauptkriegsverbrecher; bis 1949 zwölf Nachfolgeprozesse.
1950 900-Jahr-Feier, erste Spielwarenmesse.
1968 Der 1. FC Nürnberg wird zum 9. Mal Fußballmeister und steigt im folgenden Jahr ab.
1971 Dürerjahr, große Feiern.
1981 Nach einer Demonstration werden 164 Besucher des Kulturzentrums „Komm" festgenommen, 141 für bis zu drei Wochen inhaftiert.
1995 Erste Verleihung des Internationalen Nürnberger Menschenrechtspreises.
2007 Das Wunder von Berlin: Der „Club" wird Pokalsieger.

Säulen mit den 30 Artikeln der Allgemeinen Erklärung der Menschenrechte säumen seit 1991 die Karthäusergasse

INFORMATIONEN

(c 3) **Congress- und Tourismuszentrale Nürnberg**
Am Eingang vom Hauptbahnhof zur Altstadt.
Königstraße 93
Tel. 233 60, Fax 233 61 66
www.tourismus.nuernberg.de
Mo-Sa 9-19 Uhr (im Advent auch So 10-16 Uhr)

Örtliche Presse
Mehrere Tageszeitungen: **Nürnberger Zeitung** und **Nürnberger Nachrichten**, die beiden ausführlichen Abonnementsblätter, in Stil und Sorgfalt weit über Bundesniveau. Ferner ein Nürnberger Ableger des Münchner Boulevardblatts **AZ**, freitags mit der Kolumne von Klaus Schamberger (siehe S. 26) und eine Regionalausgabe der „Bild"-Zeitung, sowie das Fußball-Fachblatt **„kicker"**. Monatliche Veranstaltungsvorschauen bieten die Nürnberg-Ausgabe der Zeitschrift **PRINZ**. Die wichtigsten lokalen Tipps und Hinweise veröffentlicht PRINZ auch aktuell im Internet: http://www.prinz.de/nuernberg.html

MERIAN | RÜCKBLICK

German Schrecklichkeit

Wie internationale Reporter die Nürnberger Kriegsverbrecherprozesse erlebten

Und da, wie zusammengeschrumpelt und von der Niederlage entstellt, sind all die Gesichter, die einen jahrelang von den Titelseiten der Weltpresse anblitzten. Da sitzt **Göring** in einer perlgrauen, doppelreihigen Uniform mit Messingknöpfen und dem verhutzelten, an einen halbleeren Luftballon erinnernden Aussehen des fetten Mannes, der zu schnell zu viel Gewicht verloren hat. Das kalkige Kittgesicht von **Hess** ist so vom Fleisch gefallen, dass es nur mehr aus einer spitzen Nase und tiefen Augenhöhlen zu bestehen scheint. **Ribbentrop**, hinter seinen dunklen Brillengläsern, wirkt so unbehaglich und in die Enge gedrängt wie ein beim Schwindeln ertappter Bankkassierer. **Streicher** ist die widerliche Karikatur eines lüsternen Greises. **Funk** ist ein kleiner runder Mann mit den Hängebacken und den furchtsamen Augen eines geprügelten Hundes. **Schachts** verächtlicher Blick ist der eines wütenden Walrosses." So beschreibt der amerikanische Autor John Dos Passos am **20. November 1945,** dem ersten Tag des **Nürnberger Prozesses**, Angeklagte im Saal 600 des Justizgebäudes.

Das Verfahren, bei dem die Verbrecher des „Dritten Reiches" auf der Anklagebank saßen, war auch ein internationales Medienspektakel. Reporter aus über 20 Nationen hatten sich eingefunden, unter ihnen **Louis Aragon, Willy Brandt, Ilja Ehrenburg, Xiao Qian, Erika Mann, Gregor von Rezzori, Robert Jungk.** Allein aus den USA waren rund 80 Prozessbeobachter gekommen – und mit ihnen Dos Passos.

Voller Anspannung erlebten sie die erste Prozesszeit. „Hitler ist natürlich nicht dabei. Diejenigen, die hier sind, bilden eine zerlumpte, abgestumpfte, zusammengewürfelte Gruppe zweitrangiger Charaktere", schrieb Peter de Mendelssohn als Korrespondent von „The Nation".

Die Beschuldigten, die, so die Anklage, sich gegen den Frieden verschworen, einen Angriffskrieg geführt und Kriegsverbrechen sowie Verbrechen gegen die Menschlichkeit begangen hatten, leugneten bis zuletzt ihre Schuld. An 218 Verhandlungstagen wurden 240 Zeugen vernommen und über 300 000 eidesstattliche Erklärungen überprüft. Die Prozessakten sind in 43 dicken Bänden dokumentiert, das Verfahren wurde auf 37 000 Meter Tonband und 7000 Schallplatten aufgenommen.

Am Ende glich Nürnberg für die angereisten Medienmenschen jedoch einer „Hochburg der Langeweile", wie die Schriftstellerin Rebecca West notierte. Kein Wunder, dass ihnen ihr Reporterleben außerhalb des Gerichtssaals alsbald auf den Geist ging. Viele waren untergebracht im Schloss der Bleistift-Dynastie Faber-Castell im Städtchen

Der Ballsaal als Kantine: Aus aller Welt angereiste Journalisten beim Essen im Schloss der Grafen zu Faber-Castell

Stein. Elsa Triolet amüsierte sich über Hundegräber im Park mit anrührenden Inschriften sowie über ein Gemälde mit dem Kampf zweier Ritter in voller Rüstung und Bleistiften als Lanzen. Man nächtigte in Schlafsälen mit Stockbetten, fluchte über das schlechte Essen und die sanitären Verhältnisse. Von George W. Herald, Korrespondent der Agentur International News Service, stammt folgende – erfundene? – Geschichte: Er habe eines Morgens verschlafen seine Zahnbürste mit der seines Nebenmannes verwechselt. „Verzeihung, diese Bürste trägt meine Initialen. Mein Name ist Steinbeck, John Steinbeck", sei er gerügt worden. Im Hintergrund planschte derweil John Dos Passos vergnügt in der Badewanne und beklagte sich Ernest Hemingway über die lokalen Weinsorten. „German Schrecklichkeit at its worst" schrieb Dos Passos in einem Brief an seine Frau.

Am **30. September** und **1. Oktober 1946** wurden die Urteile verkündet. Zwölf der Angeklagten wurden zum Tod verurteilt (Martin Bormann in Abwesenheit), sieben zu Gefängnisstrafen, drei wurden freigesprochen. Gregor von Rezzori erinnert sich, wie Hermann Göring das Urteil erlebte: „Lord Justin Lawrence liest eine lange Formel, die in den Worten endet: ... *condemned to death by hanging of the neck.* Die letzten Worte: *hanging of the neck* peitschen durch den totenstillen Raum. Göring zuckt die Achseln, zeigt auf seinen Kopfhörer: Ein Fehler in der Leitung; der Urteilsspruch ist nicht zu ihm durchgedrungen." Am Tag, an dem er hingerichtet werden sollte, hat Göring Selbstmord begangen.

Quelle: **Tatort Nürnberg** (siehe S. 136)
(b 3) Justizgebäude, Fürther Str. 110, www.museen.nuernberg.de/prozesse, Tel. 231 56 66, Führungen Sa/So 13-16 Uhr, 2 €

Freuen Sie sich auf das nächste Heft | Im Handel ab 20. September 2007

Vigelandpark: bevölkert von Osloern und Skulpturen

Geirangerfjord: befahren von Kreuzfahrtschiffen

abeljau: getrocknet vom frischen Wind der Lofoten

Bergen: belebt bei jeder Art von Wetter

Norwegen eine königliche Adresse für Individualisten

Für die reich gewordene Technologie-Nation ist die rote Ferienhütte noch immer von größerem ideellen Wert als jede internationale Konzernzentrale. Norwegen bewahrt seinen urwüchsigen Charakter: Nirgendwo ist die Berührung mit der Natur so unmittelbar wie im Land der Fjorde. Am schönsten unter der Mitternachtssonne

> Raue Schärenwelt der Lofoten: Immer weniger Fisch und immer mehr Feriengäste
> 24 Stunden Oslo: Kultur und Lebensart haben die Hauptstadt bunter gemacht
> MERIAN auf der „Maria S. Merian“: Mit dem Forschungsschiff rund um Spitzbergen
> Morden im Norden: Drei norwegische Frauen schreiben die spannendsten Krimis

Zuletzt erschienen:

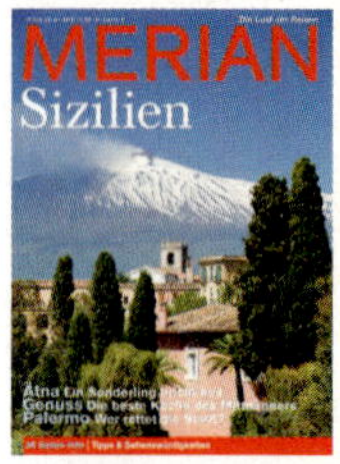

August 2007

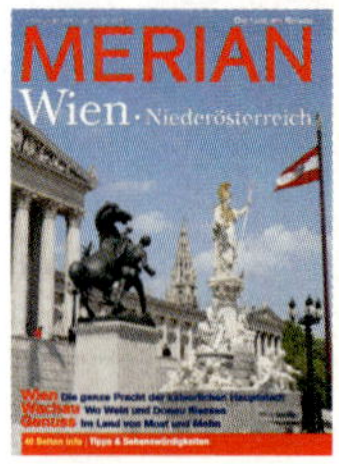

Juli 2007

Juni 2007

Mai 2007

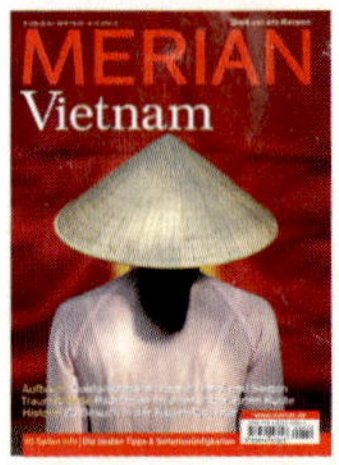

April 2007

März 2007